"一带一路"列国人物传系 总主编◎王丽

德国9人传

与灵魂对话的思辨之国

王灵桂 蔡秋实◎主编

华文出版社
中国出版集团公司

图书在版编目（CIP）数据

德国9人传：与灵魂对话的思辨之国 / 王灵桂，蔡秋实主编. —— 北京：华文出版社，2021.11
（"一带一路"列国人物传系）
ISBN 978-7-5075-5390-1

Ⅰ. ①德… Ⅱ. ①王… ②蔡… Ⅲ. ①历史人物－传记－德国 Ⅳ. ①K835.16

中国版本图书馆CIP数据核字(2020)第236984号

德国9人传

主　　编：	王灵桂　蔡秋实
责任编辑：	谭　笑
出版发行：	华文出版社
社　　址：	北京市西城区广外大街305号8区2号楼
邮政编码：	100055
投稿信箱：	784263235@qq.com
电　　话：	总编室 010-58336239
	发行部 010-58336267/58336253
	责任编辑 010-58336237
经　　销：	新华书店
印　　刷：	天津新科印刷有限公司
开　　本：	880×1230　1/32
印　　张：	7.375
字　　数：	119千字
版　　次：	2021年11月第1版
印　　次：	2021年11月第1次印刷
标准书号：	ISBN 978-7-5075-5390-1
定　　价：	38.00元

版权所有 侵权必究

"'一带一路'列国人物传系"编辑委员会

指导单位：
中国文学艺术界联合会
中国社会科学院国家全球战略智库

编委会：
总主编： 王　丽
副主编： 唐得阳　王灵桂
委　员：（按姓氏笔画排序）

丁闻琦	丁　超	于　青	于福龙	马细谱	王成军	王　丽
王灵桂	王建沂	王春阳	王郦久	王洪起	王宪举	王　渊
文　炜	孔祥琇	石　岚	白明亮	冯玉芝	成　功	朱可人
刘　文	刘思彤	刘铨超	安国君	许文鸿	许烟华	孙钢宏
孙晓玲	苏　秦	杜荣友	李一鸣	李永全	李永庆	李垂发
李玲玲	李贵方	李润南	李嘉慧	余志和	宋　健	张　宁
张　敏	陈小明	邵诗洋	邵逸文	周由强	周　戎	周国长
庞亚楠	胡圣文	姜林晨	贺　颖	贾仁山	高子华	高宏然
唐岫敏	唐得阳	董　鹏	韩同飞	景　峰	程　稀	谢路军
翟文婧	熊友奇	鞠思佳				

支持单位：
中国社会科学院俄罗斯东欧中亚研究所
北京融商一带一路法律与商事服务中心

人物画像：
熊启雄

法律顾问：
北京德恒律师事务所

总 序
群星闪耀"一带一路"

"2100多年前,中国汉代的张骞肩负和平友好使命,两次出使中亚,开启了中国同中亚各国友好交往的大门,开辟出一条横贯东西、连接欧亚的丝绸之路。"①2013年9月7日,中国国家主席习近平在哈萨克斯坦纳扎尔巴耶夫大学发表演讲,以博古通今的睿智对大学生们娓娓道来丝绸之路古老而年轻的故事。

"我的家乡陕西,就位于古丝绸之路的起点。站在这里,回首历史,我仿佛听到了山间回荡的声声驼铃,看到了大漠飘飞的袅袅孤烟。这一切,让我感到十分亲切。哈萨克斯坦这片土地,是古丝绸之路经过的地方,曾经为沟通东西方文明,促进不同民族、不同文化相互交流和合作作出过重要贡献。

---

① 《习近平谈治国理政》,外文出版社,2014年10月第1版,第287页。

东西方使节、商队、游客、学者、工匠川流不息,沿途各国互通有无、互学互鉴,共同推动了人类文明进步。""不同种族、不同信仰、不同文化背景的国家完全可以共享和平、共同发展。这是古丝绸之路留给我们的宝贵启示","为了使我们欧亚各国经济联系更加紧密、相互合作更加深入、发展空间更加广阔,我们可以用创新的合作模式,共同建设'丝绸之路经济带'"。①推己及人,高瞻远瞩,引领时代,习主席在阿斯塔纳②通过哈萨克斯坦人民,首次向世界发出了让古老的丝路精神再次焕发青春和光彩的时代宣言。

2013年10月3日,习主席在印度尼西亚国会发表了题为《共同建设二十一世纪"海上丝绸之路"》的演讲:"东南亚地区自古以来就是'海上丝绸之路'的重要枢纽,中国愿同东盟国家加强海上合作,使用好中国政府设立的中国-东盟海上合作基金,发展好海洋合作伙伴关系,共同建设21世纪'海上丝绸之路'","发挥各自优势,实现多元共生、包容共进,共同造福于本地区人民和世界各国人民"。③这个倡议和9月7日的演讲异曲同工、

---

① 《习近平谈治国理政》,外文出版社,2014年10月第1版,第287页。
② 哈萨克斯坦新首都名称。
③ 同①,第293-295页。

遥相呼应、互为映衬，完整地提出了"丝绸之路经济带"和"21世纪海上丝绸之路"的宏伟构想。

从广袤的亚欧腹地哈萨克斯坦到风光旖旎的印度尼西亚，习主席提出的"丝绸之路经济带"和"21世纪海上丝绸之路"吸引了世界各国的目光。从2013年9月至2016年8月，习近平出访37个国家（亚洲18国、欧洲9国、非洲3国、拉美4国、大洋洲3国），对"一带一路"倡议的总体框架和基本内涵做了充分阐述。和平合作、开放包容、互鉴互学、互利共赢的丝路精神，共商、共建、共享的合作理念，驱散了"去全球化"的阴霾，为增长低迷的世界经济注入新的动能。各国纷纷将本国经济发展与中国政府制定的《推动共建丝绸之路经济带和21世纪海上丝绸之路的愿景与行动》规划相衔接。"一带一路"倡导的政策沟通、设施联通、贸易畅通、资金融通、民心相通等"五通"，正在以基础设施、经贸合作、产业投资、能源资源、金融支撑、人文交流、生态环保、海洋合作等为载体和依托，在全球掀起了投资兴业、互联互通、技术创新、产能合作的新势头。2016年中国牵头成立有57个成员国加入的亚洲基础设施投资银行（AIIB），2017年3月23日迎来13个新伙伴。孟加拉配电系统升级扩容项目、印尼全国棚户区改造项目、巴基斯坦国家高速公路项目和塔吉克斯坦杜尚别至乌兹别克斯坦道路改造项目已经获得亚投行金融支持，共商共建成为现实。

"一带一路"倡议得到国际社会的热烈响应。2016年11月17日，第71届联合国大会193个成员一致赞同，通过了第A/71/9号决议，欢迎"一带一路"倡议，敦促各国通过参与"一带一路"，呼吁国际社会为开展"一带一路"建设提供安全保障环境。2017年3月17日，联合国安理会全票赞成，一致通过第2344号决议，呼吁国际社会凝聚援助阿富汗共识，通过"一带一路"建设等加强区域经济合作，敦促各方为"一带一路"建设提供安全保障环境。

2017年1月，习近平主席在联合国日内瓦总部发表题为《共同构建人类命运共同体》的重要演讲，全面深入系统阐述人类命运共同体重大理念，在国际上引起热烈反响，受到各方普遍欢迎和高度评价。3月23日，联合国人权理事会第34次会议通过关于"经济、社会、文化权利"和"粮食权"两个决议，决议明确表示要通过"一带一路"建设"构建人类命运共同体"。这是人类命运共同体重大理念首次载入人权理事会决议，标志着这一理念成为国际人权话语体系的重要组成部分。

"一带一路"不是中国的独角戏,是与亚、欧、非洲及世界各国共同奏响的交响乐。中国恪守联合国宪章的宗旨和原则,坚持开放合作、和谐包容、政策沟通,培育政治互信,建立合作共识,协调发展战略、促进贸易便利化及多边合作体制机制。中国携手100多个国家和地区,依托国际大通道,以陆上沿线中心城市为支撑,以重点经贸产业园区为合作平台,共同打造新亚欧大陆桥、中蒙俄、中国－中亚－西亚、中巴、孟中印缅、中国－中南半岛等国际经济合作走廊进展顺利,中欧班列在贸易畅通上动力强劲,风景亮丽;以海上重点港口为节点,共同建设通畅安全高效的运输通道,实现陆海路径的紧密关联和合作,太平洋、印度洋、大西洋上巨轮往来频繁,不亦乐乎。亚太经合组织、亚欧会议、大湄公河次区域合作等有关决议或文件,都体现了"一带一路"建设内容。丝路基金、开发性金融、供应链金融汇聚全球财富,建设绿色、健康、智慧与和平的丝绸之路,增进各国民众福祉。

"一带一路"是人类历史上从未有过的恢弘蓝图,也是横跨亚非欧连接世界各国的暖心红线。"丝绸之路经济带"包括中国经中亚、俄罗斯至欧洲(波罗的海),中国经中亚、西亚至波斯湾、地中海,中国至东南亚、南亚、印度洋;"21世纪海上丝绸之路"包括从中国沿海港口过南海到印度洋再延伸至欧洲和到南太平洋。一路驼铃声声、舟楫相望,互通有无、友好交往。

在新的时代,在创新古老丝路精神的伟大进程中,习主席专门缅怀丝路开拓者,特意致敬古丝路精神奠基人:"我们的祖先在大漠戈壁上'驰命走驿,不绝于时月',在汪洋大海中'云帆高张,昼夜星驰',走在了古代世界各民族友好交往的前列。甘英、郑和、伊本·白图泰是我们熟悉的中阿交流友好使者。丝绸之路把中国的造纸术、火药、印刷术、指南针经阿拉伯地区传播到欧洲,又把阿拉伯的天文、历法、医药介绍到中国,在文明交流互鉴史上写下了重要篇章。千百年来,丝绸之路承载的和平合作、开放包容、互学互鉴、互利共赢精神薪火相传。"① 这种吃水不忘挖井人的情怀,再次展现了中华民族不忘历史、纪念先贤、展望未来的优秀文化基因,也为中国传记文学学会参加"一带一路"建设指明了方向和道路。

在古老的丝绸之路上,我们不曾相忘:张骞出使西域到过的哈萨克斯坦,山高水长的好邻居巴基斯坦,双头鹰下横跨欧亚之国俄罗斯,草原之国蒙

---

① 习近平:《弘扬丝路精神,深化中阿合作》,2014年6月5日,习近平在中—阿合作论坛第六届部长级会议开幕式上的讲话,《人民日报》6月6日第1版。

古，喜马拉雅浮世天堂尼泊尔，菩提恒河保佑之国印度，文化瑰宝伊朗，首创法典之国伊拉克，红海门户之国也门，石油王国沙特阿拉伯，波斯湾明珠巴林，雪松之国黎巴嫩，海湾之秀科威特，沙漠之巅阿联酋，半岛明珠之国卡塔尔，波斯湾霍尔木兹海峡守门人阿曼，万湖之国白俄罗斯，欧亚十字路口土耳其，流着奶和蜜之地以色列，欧洲粮仓乌克兰，亚平宁半岛上的文化巅峰意大利，阿尔卑斯之巅的瑞士，玫瑰之国保加利亚，与灵魂对话的思辨之国德意志，欧洲文化殿堂法兰西，欧洲客厅比利时，郁金香之国荷兰，热情如火的西班牙，还有正在脱欧的绅士国度英国，北非金字塔之国埃及，非洲屋脊奉马蹄莲为国花的埃塞俄比亚，香草大岛之国马达加斯加，等等。

沿着海上丝绸之路，我们会领略丛林花园之国马来西亚，花园国度新加坡，千岛之国菲律宾，赤道翡翠之国印度尼西亚；沿澜沧江一路南下，我们不曾相忘澜湄泽润之国越南，千佛之国泰国，高棉的微笑之国柬埔寨，万象之都老挝，印度洋上明珠之国斯里兰卡，印度洋上的明星和钥匙毛里求斯，堆金积玉之国文莱，追求自由之国东帝汶，印度洋世外桃源马尔代夫，骑在羊背上的国家澳大利亚，上帝的后花园新西兰，等等。

"一带一路"沿线国家里,那些千百年来影响了人类与国家、民族命运并与中国曾经有过交往的古今人物,至今还能在教科书、影视剧里看到他们,还能感受到他们在一代一代年轻人身上所生发的影响和魅力。

当然,对于中国人来说,更为熟悉的是丝绸之路的开拓者。曾记否?丝绸之路开拓者中,有汉武帝和他的使节们,有首开大唐盛世的唐太宗及其无数臣民,有再续睦邻通商航海路的宋祖朝廷和无数先贤,还有金戈铁马风漫卷的元代人物,一统江山万里帆的明代人物,环球凉热自清浊的清代人物,东西碰撞溅火花的近代人物,还有经受风雨变迁、勇立海国之志的现代人物,更有丝路明珠敦煌莫高窟的守护者,卫国助邻的将军和通司中外的外交家们。当然,数风流人物,还看今朝,我们不能不浓墨重彩地讴歌那些智通商海,投身到新丝路建设中的当代人物。

耕云播雨,香火延续,智慧传承,历史再续!2100多年的友好交往历史从未隔断,惠及三大洲的中西交通从未停歇,21世纪的"中国梦"和"世界梦"汇成了人类命运共同体的时代和弦,响彻在"一带一路"辽阔的长空。也正因如此,2017年5月,北京喜迎来自"一带一路"相关国家的元首、政府首脑、前政要、知名企业家和专家学者等各界代表，以及国际组织的负责人等千名领袖，出席"'一带一路'国际合作高峰论坛"。"千人盛会"共襄"团结互信、平等互利、包容互鉴、合作共赢"①之盛举，共商"沿线各国共同把蛋糕做大，一起分蛋糕"之合作共赢大计。这是中华民族和世界历史上都应该铭记的大日子。

以人物传记写作为己任的中国传记文学学会，在"一带一路"倡议实施中，肩负"讲好一带一路民心相通好故事"的使命和责任，这也是国家赋予我们的根本职责和任务。在中国文学艺术界联合会的领导下，在中国社会科学院国家全球战略智库指导下，中国传记文学学会以赤诚的家国情怀、强烈的时代精神、为人传记的责任担当，在认真调研、周密谋划、精心组织基础上，毅然决定倾注全力组织编写出版"'一带一路'列国人物传系"。此煌煌百卷传系讲述近千名各国人物故事，集数百位专家作家尽心挥毫，去冬今春，夜以继日……幸得中国出版集团公司华文出版社出版发行。于是，各位读者得以读到手中的这套活泼而不失厚重、有趣而不失学养的列国人物合传书卷。

---

① 习近平：《弘扬人民友谊，共创美好未来》，2013年9月7日，习近平主席在哈萨克斯坦纳扎尔巴耶夫大学的演讲。

孔子曰："仁者，人也。"让各国的先贤智者的思想光辉，照亮我们探索人类未来的道路。

传记明志，落笔为文，是为总序。

中国传记文学学会会长

"'一带一路'列国人物传系"编委会总主编

王丽 博士

2018年3月8日

General Editor's Preface

The Belt and Road Initiative was conceived in 2013. On September 7, 2013, Chinese President Xi Jinping proposed for the first time the blueprint in a speech at Nazarbayev University during his visit to Kazakhstan:

> Over 2,100 years ago during China's Han Dynasty, a Chinese imperial envoy Zhang Qian visited Central Asia twice to open the door to friendly contacts between China and Central Asian countries as well as the transcontinental Silk Road linking East and West, Asia and Europe.
>
> Shaanxi, my home province, is right at the starting point of the ancient Silk Road. Today, as I stand here and look back into history, I could almost hear the camel bells ringing in the mountains and see the wisps of smoke rising

from the desert. It has brought me close to the place I am visiting. Sitting on the ancient Silk Road, Kazakhstan has made important contributions to the exchanges and cooperation between different nations and cultures. This land has witnessed a steady stream of envoys, caravans, travelers, scholars and artisans traveling between the East and the West. The exchanges and mutual learning thus made possible have contributed to the progress of human civilization.

... Countries with differences in race, belief and cultural background are fully capable of sharing peace and development. This is the valuable inspiration we have drawn from the ancient Silk Road.

... To forge closer economic ties, deepen cooperation and expand development opportunities between Eurasian countries, we should innovate the mode of cooperation and jointly build an "economic belt along the Silk Road".[①] Considering the interests of the world commnity, taking a broad and long view and leading the new era, in Astana, President Xi, through the people of Kazakhstan, for the first time issued a declaration to the world that the old Silk Road

---

① Xi Jinping, *The Governance of China* (Beijing: Foreign Languages Press, 2014) 287.

spirit would once again be rejuvenated and radiant.

On October 3, 2013, President Xi brought up this topic again in his address to the Indonesian Parliament under the title "Jointly Building the 21st Century Maritime Silk Road":

Southeast Asia has since ancient times been an important hub along the ancient Maritime Silk Road. China will strengthen maritime cooperation with ASEAN countries to make good use of the China-ASEAN Maritime Cooperation Fund set up by the Chinese government and vigorously develop maritime partnership in a joint effort to build the Maritime Silk Road of the 21st century. China is ready to expand its practical cooperation with ASEAN countries across the board, supplying each other's needs and complementing each other's strengths, with a view to jointly seizing opportunities and meeting challenges for the benefit of common development and prosperity.[1]

The two talks framed the full picture of the

---

[1] Xi Jinping, *The Governance of China* (Beijing: Foreign Languages Press, 2014) 293-295.

conceptual "Silk Road Economic Belt" and the "21st Century Maritime Silk Road", which are collectively referred to as "The Belt and Road Initiative". Between September 2013 and August 2016, President Xi visited 37 countries (18 in Asia, 9 in Europe, 3 in Africa, 4 in Latin America and 3 in Oceania), giving a full exposition of the Belt and Road Initiative, from its overall framework to various details. The milieus of peaceful and all-win cooperation, financial integration, trade liberalization, and people-to-people bonds dispel the haze of anti-globalization and inject new vitality to the stagnant world economy.

The Belt and Road Initiative has been received with global enthusiasm. On November 17, 2016, all 193 member states of the United Nations unanimously passed the Resolution No. A/71/9 during the 71st Session of the United Nations General Assembly. This resolution endorsed China's Belt and Road Initiative, encouraged UN member countries to participate in the Initiative, and urged the international community to provide a safe environment for the implementation of the Initiative.

The Belt and Road Initiative is not a solo of China, but a symphony of countries from Asia, Europe, Africa and the rest of the world. By observing the Charter of the United Nations, China adheres to openness and cooperation, harmony and inclusiveness as well as policy coordination in order to bolster mutual political trust, reach cooperation consensus, coordinate development strategies, facilitate trade, and introduce multilateral cooperation mechanisms. China has established partnerships with over 100 countries and international organizations with the goal of jointly building a new Eurasian Land Bridge and developing China–Mongolia–Russia, China–Central Asia–West Asia, China–Pakistan, Bangladesh–China–India–Burma, and China–Indochina Peninsula economic corridors by taking advantage of international transport routes, relying on core cities along the Belt and Road and using key economic industrial parks as cooperation platforms. At sea, the Initiative will focus on jointly building smooth, secure and efficient transport routes connecting major sea ports along the Belt and Road, so as to achieve a closer connection and cooperation between land and sea routes, with the Pacific, Indian and Atlantic Oceans frequented by ships and vessels. Meanwhile, the Asia-Pacific Economic Cooperation

(APEC), the Asia-Europe Meeting (ASEM), the Greater Mekong Subregion (GMS) Economic Cooperation and many other regional cooperation mechanisms have included the Belt and Road Initiative in their relevant resolutions and documents.

We shall never forget the countries along the ancient Silk Road: Kazakhstan, the country visited by the Han Dynasty imperial envoy Zhang Qian; Pakistan, China's friendly neighbor bound by mountains and rivers; Russia, a country symbolized by a double headed eagle; Mongolia, the prairie country; Nepal, the paradise on the Himalayas; India, a land blessed by the holy river Ganges; Iran, a country full of cultural treasures; Iraq, the country where the famous *Code of Hammurabi* originates from; Yemen, the gate to the Red Sea; Saudi Arabia, the kingdom of petroleum; Bahrain, the pearl of the Persian Gulf; Lebanon, a country of cedars; Kuwait, a rising star of the Persian Gulf; United Arab Emirates, a diamond on the desert; Qatar, a gem on the Arabian Peninsula; Oman, the gatekeeper of the Hormuz Strait; Byelorussia, a country with myriad lakes; Turkey, the center of the crossroads of Eurasia; Israel, a country full of milk and honey; Ukraine, the granary of Europe;

Italy, the pinnacle of culture on the Apennine Peninsula; Switzerland, a country in the Alps; Bulgaria, the land of roses; Germany, a home to great minds; France, the cultural palace of Europe; Belgium, the drawing room of Europe; the Netherlands, a garden of tulips; Spain, the land of passion; United Kingdom, the country of gentlemen which is breaking from the EU; Egypt, a country of pyramids in North Africa; Ethiopia, the roof of Africa whose national flower is Calla Lily; Madagascar, the island nation where vanilla grows, and so on.

The Maritime Silk Road links Malaysia, a country of forests and gardens; Singapore, the flowery country; the Philippines, the country of a myriad of islands; and Indonesia, the emerald of the equator. Along the Lantsang River down to the south, we will pass Vietnam, the land nourished by the Mekong River; Thailand, a country of thousands of Buddhist temples; Cambodia, the home to Khmer smiles; Laos, the land of a million elephants; Sri Lanka, a bright pearl in the India Ocean; Mauritius, the shining star and key of the Indian Ocean; Brunei, a kingdom of gold and green; East Timor, a nation of independence; Maldives, a paradise in the India Ocean; Australia, the nation riding on the sheep's back; New

Zealand, the back garden of God, and so forth.

In the countries along the Belt and Road, names of distinguished figures, ancient or modern, who have affected the destiny of mankind, who have rewritten the history of nations, and who have had contacts with China, can still be found in today's textbooks, films and TV shows. We can still feel their enduring influence and charm on generations of young people.

Of course, for the Chinese people, the pioneers of the ancient Silk Road are more familiar. Yet, those who have devoted themselves to the building of the new Silk Road equally deserve our respect. In May 2017 during the Belt and Road Forum for International Cooperation, Beijing welcomed thousands of guests from around the world, including heads of state, heads of government, former politicians, business leaders, experts, scholars, and principals of international organizations. They gathered together in the common spirit of solidarity and mutual trust, equality and mutual benefit, inclusiveness and mutual learning, and win-win cooperation, to discuss how countries along the Belt and Road can work together to make the "pie" bigger and shared by all for mutual benefit.[①] This is a big day that should be remembered as a landmark in the history of the Chinese nation and the world.

The Biography Society of China, which makes it its mission to promote biography writing, shoulders the task and responsibility of telling well the stories of friendly exchanges among people of countries along the Belt and Road. This is also the fundamental duty and task assigned to us by our nation. Therefore, through careful investigation and passionate planning, the Biography Society of China decided to publish a hundred-volume series titled *Remarkable Lives Along the Belt and Road*. This project receives support from the China Federation of Literary and Art Circles and guidance from the National Institute of International Strategy of Chinese Academy of Social Sciences. From last winter till this spring, hundreds of experts were working around the clock on the biographies of a thousand remarkable lives. Here the series is presented to you.

As Confucius said, "Humanity is of humans". Let the lights of those great minds and lives illuminate our future

---

[①] Xi Jinping, "Promote People-to-People Friendship and Create a Better Future", Speech delivered at the Nazarbayev University, Kazakhstan, September 7, 2013.

path of exploration.

Comments, criticism and suggestions will all be appreciated.

Dr. Wang Li
Chairwoman:
The Biography Society of China
General Editor:
Remarkable Lives Along the Belt and Road
March 8, 2018

目 录

引言 ··· 1

开启新世界的启蒙大师——马克思 ················ 9
1. 他从小的偶像是普罗米修斯 ···················· 11
2. 独特动人的爱情告白 ·························· 19
3. 艰辛的探索之路 ······························ 26
4. 引领新时代的思想灯塔 ························ 36

社会主义的探路者——恩格斯 ···················· 43
1. 令人留恋的少年时光 ·························· 45
2. 生活转折点 ·································· 52
3. 为理想并肩奋斗 ······························ 55
4. 抓住最后的时光 ······························ 63

汗水与仁爱浇灌出的天才——爱因斯坦 ············ 68
1. 初见端倪的少年天才 ·························· 70
2. 寻找开放、自由的空间 ························ 75
3. 震惊世界的研究成就 ·························· 81

  4. 大学者的人文情怀 ·················· 85

聪慧绝伦的数学王子——高斯 ················ 90
  1. 险被埋没的天才 ·················· 92
  2. 生命中的贵人 ···················· 97
  3. 旷世奇才的惊人成就 ·············· 100
  4. 人类的骄傲 ······················ 109

用乐符勾勒世界的灵魂之声——贝多芬 ········ 114
  1. 音乐大师的成才之路 ·············· 116
  2. 生活的转折点 ···················· 119
  3. 学生向大师的转变 ················ 124
  4. 与命运抗争的巨人 ················ 125

自由主义的先锋——黑格尔 ················ 131
  1. 广博而深邃的人生 ················ 133
  2. 哲学家眼中的国家蓝图 ············ 137
  3. 用辩证法看世界 ·················· 142
  4. 思想的迸发 ······················ 147

超凡脱俗的浪漫诗人——歌德 ·············· 153
  1. 从小被关怀和宠爱 ················ 155
  2. 多情才子的烦恼 ·················· 161

3. 从政客回到文人 ················· 168

哲学天空里的明星——康德 ················· 172
　　1. 哲学明星的成长经历 ················· 174
　　2. 他的理论被无数次引用 ················· 177
　　3. 人类思想发展史上的丰碑 ················· 179
　　4. 大思想家的迟暮之年 ················· 184

曲高和寡的心灵净化师——巴赫 ················· 187
　　1. 初尝人生苦痛 ················· 189
　　2. 艰难的音乐之路 ················· 193
　　3. 不知足的宫廷乐师 ················· 195
　　4. 小溪归入大海 ················· 201

后　记 ················· 203

Contents

Introduction / 1

Enlightening Master Who Opened the Door to a New World: Karl Marx / 11

A Pioneer of Socialism: Friedrich Engels / 43

The Genius Nurtured by Hard Work and Faith in Humanity: Albert Einstein / 68

Prince of Mathematicians: Johann Carl Friedrich Gauss / 90

The Man Who Shaped the World with Music: Ludwig van Beethoven / 114

The Vanguard of Liberalism: Georg Wilhelm Friedrich Hegel / 131

The Extraordinary Romantic Poet: Johann

Wolfgang von Goethe / 153

A Shining Star in Philosophy: Immanuel Kant / 172

The Highbrow Spiritual Purifier: Johann Sebastian Bach / 187

Afterword / 203

引 言

德意志联邦共和国（Die Bundesrepublik Deutschland），简称德国，位于欧洲中部。面积357021平方千米（依据中国地图出版社2019年版《世界地图集》），以温带气候为主。东邻波兰、捷克，南毗奥地利、瑞士，西连荷兰、比利时、卢森堡、法国，北接丹麦，濒临北海和波罗的海，是欧洲邻国最多的国家。德国施行联邦议会共和制，首都为柏林，共有16个联邦州，其中包括3个城市州。主要河流有莱茵河、多瑙河，德国境内有8300多万人口（依据新华网2019年1月27日报道），是欧盟人口最多、经济最发达的国家。德国境内主体民族是德意志族，约占80%，还有丹麦族和索布族等。德语为通用官方语，居民多信奉新教和罗马天主教，各占约30%。民间节日主要有圣诞节、复活节，特色节日有慕尼黑啤酒节、科隆狂欢节等。

德国历史悠久，早在2000多年前境内就居住着日耳曼人，是一个文化底蕴深厚的国家。"Deutsch"的原意是"人民"，所以德国又称为"人民之国"，德国的国家格言是"统一、正义与自由"。德国人的祖先是古代日耳曼人，英语中对德国的称呼"Germany"，即是来源于日耳曼人。10世纪日耳曼人建立神圣罗马帝国，后发生分裂。1871年普鲁士王国统一日耳曼各邦国建立德意志帝国，后于1914年、1939年挑起两次世界大战并战败，1949年分裂为东德、西德，1990年10月3日，两德实现统一。

德国的国旗为长方形，长宽之比为5∶3。旗面自上而下由黑、红、金三个平行相等的横长方形组成。黑、红、金为德意志民族所喜爱的颜色。黑、红、金三色旗最早出现于19世纪早期，正式被使用是在1848年德国革命。短命的法兰克福国民议会（1848—1849）提议使用三色旗为民主化德国联邦的旗帜。"一战"之后建立的魏玛共和国也使用三色旗为德国国旗。"二战"后的东德、西德都将三色旗作为自己的国旗，直到1959年东德在三色旗上加上国徽前，这两个国家的旗帜是完全相同的。从1990年10月3日两德统一后,黑、红、金三色旗再次成为德国国旗。黑、红、金三色代表"二战"后的共和民主政体体制。德国联邦作为自由的联合体象征其追求自由、民主、共和的价值。

德国国徽以土黄色盾牌为背景,背景上是一只黑色的雄鹰,雄鹰的喙和两爪为红色。据考证,这一雄鹰图案的渊源可追溯到12世纪曾经统治过普鲁士,后成为德国王室的霍亨索伦家族。1950年联邦总统豪伊斯决定将鹰绘制在德意志联邦共和国国徽上,并在基本法中确定。千百年来,雄鹰始终被德国人民看作圣洁的神鸟,人们相信它会给德国带来幸福、恩泽和力量。

德意志联邦共和国的国歌,歌词采用的是19世纪德国诗人奥古斯特·海因利希·霍夫曼·冯·法勒斯雷本所写的一首反映当时德国人民心愿的诗《德意志之歌》的第三段,曲调采用交响乐之父弗朗茨·约瑟夫·海顿所创作的《皇帝四重奏》的旋律,是一支非常好听的音乐。1990年德国统一,只有第三组歌词"统一、正义和自由"确认为统一的共和国国歌。其歌词大意为:

统一、正义和自由,
　为了我们的德意志祖国!
　让我们为此目标奋斗,

如兄弟般地手拉手心连心!

统一、正义和自由,
是我们幸福的保证。
为了实现这使命的荣誉,
繁荣,我们的德意志祖国!

20世纪90年代,东、西德统一后,将欧盟和跨大西洋伙伴关系作为外交政策的两大支柱,继续推进欧盟一体化进程,巩固与北约的关系并致力于建立欧洲独立安全的防务体系,保持同美国的紧密联盟;加强同俄罗斯的战略伙伴关系,巩固德俄合作;继续利用地缘和政治经济优势,大力开拓中东欧;加强与发展中国家的关系,谋求在国际组织中发挥更大作用。重视新兴市场国家作用,加强与中、印等国的协调合作;继续保持积极进取的外交态势,谋求联合国安理会常任理事国席位;谋求在气候变化、能源安全等国际问题上发挥作用。东西德合并以来,德国GDP总量一直位于世界前四,经济发展速度在欧盟一枝独秀,很早就成为世界上屈指可数的富裕、高福利国家,不仅本国社会福利种类多,而且为许多发展中国家提供援助,扩大了德国在发展中国家中的影响力。

1972年10月11日,中华人民共和国与德意志联邦共和国建立外交关系。建交以来,两国关系发展顺利,相互了解和信任不断增强,各领域务实合作不断深化。两国互为重要合作伙伴,建立了政府磋商机制。40多年来,经济上,中德共同利益多,互补性强,都注重发展实体经济,同为制造业大国,合作潜力巨大。德国是中国在欧洲第一、全球第六大贸易伙伴,也是中国在欧洲最大的外资和技术引进来源国以及重要的投资目的国。2010年,中德建立战略伙伴关系,2012年提升为展望未来的战略伙伴关系,2014年两国建立了全方位战略伙伴关系。近年来,双边关系发展顺利,两国高层互访频繁。德国累计对华实际投资额在欧盟国家中居首位。截至2016年年底,中国累计批准德国企业在华投资项目9394个,德方实际投入累计281.8亿美元。在华投资领域主要为汽车、化工、发电设备、交通、钢铁、通信等,大部分为生产性项目,技术含量高,资金到位及时。在德中资机构超过2700家。截至2016年年底,经中国商务部核准的中国对德国非金融类投资累计88.3亿美元。德国是对华提供发展援助最多的国家之一,同时也是欧洲对华技术转让最多的国家,截至2016年年底,中国从德引进技术累计22817项,金额744亿美元。

  德国不仅经济实力雄厚,在文化传统上也毫不逊色。德国在文学、绘画、音乐、哲学、建筑、自然科学方面取得的成就，对世界影响深远。德国拥有37处联合国教科文组织认证的世界遗产，德国的各类音乐会、艺术展览、戏剧表演、国际性大型体育比赛、街头庆祝活动和圣诞市场吸引了不计其数的游客。德国的体育在世界上占有重要地位，在每届奥运会上均取得不俗的成绩，德国足球发展水平在世界上也占有重要地位，广受世界各地球迷喜爱。

德国的教育特色鲜明，境内拥有近400所高校，理科、工科类大学在国际上赫赫有名，比较著名的有慕尼黑工业大学、慕尼黑大学、海德堡大学、弗赖堡大学、斯图加特大学、亚琛工业大学、柏林洪堡大学等，师资力量强大，科研实力雄厚。德国的高校注重科研，注重技术工人的培养，德国的教育水准，得到世界公认，高水平的教育，为德国取得世界经济、技术大国地位提供了保障。

德国的饮食文化特点鲜明。德国的传统饮食习惯普遍较粗犷，崇尚"大块吃肉，大口喝酒"，德国以其拥有世界上种类繁多的香肠而闻名，香肠种类至少有1500种。德国人每餐必有啤酒或白葡萄酒，德国为世界第二大啤酒生产国，境内共有1300家啤酒厂，生产的啤酒种类多达5000多种。而根据官方统计，每个德国人平均每年啤酒消耗量为130公升，可以说世界上再也找不到比德国更热爱啤酒的国家了。多年来经德国人培养形成的啤酒文化更是世界上独一无二的。德国啤酒可以分为白啤酒、清啤酒、黑啤酒、科什啤酒、出口啤酒、无酒精啤酒六大类。德国饮食的特点是甜食、酸食和奶制品较多，生菜品种多样，饭菜的口味喜欢清淡和酸甜，不喜欢辛辣。但德国人很讲究饮食的营养，特别讲究新鲜和高热量，喜欢吃水果、香肠、奶酪、酸椰菜、土豆沙拉等，不求种类、花式繁多，只求新鲜有营养。

德国人敬业、严谨、认真、诚信、实在。德国人的严谨、守时是众所周知的，德语中有一句话"准时就是帝王的礼貌"，可见德国人把遵守时间当作一种追求和美德。德国人讲求秩序、纪律与绝对服从，工作严谨勤勉，做人诚信务实。德国是一个制造业强国，德国的汽车、高铁、电器等，无一不得到广大消费者的认可，德国的商品质量过硬，已不是某个单一品牌，而是已成为一种国家品牌。德国制造代表着高品质，德国的汽车工业发达，大家熟知的大众、宝马、奔驰、保时捷、奥迪都来自德国，电子行业有西门子、博世等知名企业，产品行销全球，获得世界各地青睐。纵观当代中国，虽然，中国经济取得了让世界惊叹的快速发展，但客观地说，中国只是大国，还不是强国，在如何成长为世界强国的道路上，德国有许多值得我们学习和借鉴的地方。

德国在历史上被称作"诗人与思想家的国家",在现时代正成为中国和欧洲在"一带一路"框架下合作的新典范。本书将会以一个全新的视角向大家解读9位德国的代表人物:有想要改变世界,让世界充满希望的马克思和恩格斯;有大学问家爱因斯坦;有"数学王子"卡尔·弗里德里希·高斯;有音乐奇才贝多芬;有独立思想的黑格尔;有多情的诗人歌德;有对人类影响深远的大思想家康德;还有心灵净化师一样的音乐家巴赫。他们的思想和精神被人们传颂,他们的事业和功绩被人们铭记。

在"一带一路"建设中,希望这部书可以带读者走进这些伟人的世界,希望这些故事可以带给读者朋友们心灵上的震撼,带领大家认识一个与众不同的德国。

开启新世界的启蒙大师——马克思

卡尔·马克思（Karl Marx，1818—1883），犹太裔德国人。出生于德意志联邦普鲁士王国莱茵省（属于今德国莱茵兰-普法尔茨州）特里尔城一个律师家庭，1830年就读于家乡的特里尔中学，1835年进入波恩大学法律系，次年转入柏林大学法律系。1837年起研究黑格尔哲学，1841年获得耶拿大学哲学博士学位。马克思是马克思主义的创始人之一，第一国际的组织者和领导者，被称为全世界无产阶级和劳动人民的伟大导师，无产阶级的精神领袖，国际共产主义运动的先驱。马克思是德国伟大的思想家、政治家、哲学家、经济学家、革命家和

卡尔·马克思

社会学家。在40余年的学术研究中，马克思坚持唯物主义的世界观，揭示人类社会发展的规律；站在无产阶级的立场，无情地批判封建主义和资本主义的剥削制度，描绘出社会主义和共产主义的理想蓝图；他身体力行地支持和参加无产阶级政党及其共产国际的建立与活动，以各种方式号召无产阶级的革命斗争。马克思和他的理论影响了一代又一代人。他对中国的革命道路，甚至是国家的发展道路，都起到了不可磨灭的作用。他是中国道路的引路人，是中国制度的奠基人。他对整个世界的影响也是巨大的，世界各国的政治家、思想家对他的理论褒贬不一，但是至今还没有哪一个声音质疑他的卓越贡献和伟大人格。

马克思的思想和活动为一切反动势力所不容，长期遭致欧洲各国反动政府的封杀和围剿，他终生遭受令人难以想象的贫困和饥饿的折磨，但仍顽强地坚持斗争和著述。他同恩格斯合著的《马克思恩格斯全集》中文版出版达60多卷，外文版有160多卷，其著作之丰，充分表现出他的坚忍精神和渊博学识。

1. 他从小的偶像是普罗米修斯

1818年5月5日，一个阳光和煦的夏日，在这个充满希望和活力的季节，卡尔·马克思降生在德国的城市特里尔。马克思的祖父洛宾·列维（Rabbin Marc Levy）是一名律法学家，犹太人。他的父亲希尔舍·卡尔·马克思，后改名亨利希·马克思（Heinrich Marx），生于1782年，同荷兰裔犹太女子罕丽·普列斯堡（Henriette Presborck）结婚，生育多名子女。马克思的父亲是一个正直又善良的律师。他总是秉持着公正的态度，为附近的居民排忧解难。面对困苦的受难人士，他经常会无偿地对他们施以援手，并且竭尽全力去帮助那些没有自保能力，并且长期受到欺压的可怜人。马克思在父亲的影响下，渐渐养成了关心社会、关怀民众、关注民生的悲天悯人的心性。他总是会特别关注世界的发展趋势，总是在思索这个国家的制度和社会的问题。在他的心里，国家的事情、世界的事情都与他有关。马克思的母亲是一个善良温柔的家庭主妇，她总是温柔地教导马克思做人的道理，常常给马克思讲各种各样的名人故事。每当马克思听完这些伟人的事迹后，总会不由自主地想，他什么时候可以成为这样的人呢？他会以他们为榜样，这些伟人成为他终生学习的楷模。

渐渐地，小马克思长大了。他结交了不少和他志趣相投的小伙伴，他们在一起快乐地玩耍。有一次他们在一起玩捉迷藏，他找到了一个很远、很偏僻的地方藏起来。这是小伙伴们绝对不会轻易找到的地方。

他安心地蹲在那里，等待游戏结束时看看小伙伴惊讶错愕的脸。可是时间一分一秒地过去了，还是没有人来寻找他。小马克思有些坐不住了，当马克思最终走出来回到他们聚集的地方时，他发现一个小伙伴的身影都没有了，他们都早已回家吃饭了。夜幕渐渐降临，沮丧的小马克思慢慢地走回了家，把他心中的委屈和不满告诉母亲。母亲笑着对他说："你的那些朋友们又有什么错呢，他们只是没有等你罢了。可是你躲那么远，他们的叫喊声你能听得到吗？他们得不到你的回应，一定会认为你已经回家了，他们自然也就不等你了。"听完母亲的话后，小马克思变得越来越通情达理，会经常站在别人的角度看待问题，而不是一味地从自己的角度出发、一味地只顾及自己的感受。因此，马克思在学校中更加受欢迎，也建立了更多的友谊。

在没事的时候，马克思爱给小伙伴们讲故事。由于马克思从小就爱读书，无论是神话故事，还是名人传记，他都爱看，所以他经常缠着爸爸妈妈讲各种各样的故事，还会经常撒娇央求爸爸妈妈给他买书。小马克思的父母看到他这么爱读书，自然也是欣喜万分，全力支持他阅读。这不，小马克思又开始绘声绘色地讲起故事来了。他的周围围了一圈小伙伴。这一次他讲的是为人类带来福音的普罗米修斯。他绘声绘色地讲着他心目中的大英雄，小伙伴们也在如痴如醉地听着。当马克思讲到普罗米修斯为人类盗取火种而被宙斯惩罚,要钉在木桩上,并且每日被老鹰啄食心脏的时候,他们不由地握紧了拳头,想要跑到普罗米修斯的旁边为他打抱不平,有的小伙伴甚至流下了眼泪。马克思满意地看着他们的反应,心里是掩饰不住的自豪。他的故事竟然如此吸引人。当马克思讲到最后,普罗米修斯获救的时候,小伙伴们都欢呼雀跃起来,他们的大英雄终于又回来了,他们崇拜的偶像终于不用再受折磨了。他们一个个脸上都挂着喜悦的笑容。

这时,马克思对着全体小伙伴郑重地宣告,他的偶像便是普罗米修斯。话一出口,小伙伴们纷纷鼓掌,他们也要效仿马克思,把普罗米修斯当作自己崇拜的对象。马克思心想,既然他的偶像是给人们带去希望火种的大英雄,那么他就要做改变世界上不平等、不公正局面的大英雄,给人们带来希望的大英雄。想到这里,马克思不禁又开始勤奋刻苦起来了。毕竟想要变得强大,一定要先很好地充实自己,提高自己,才会有能力带给别人希望。小马克思学习更加用功了。

转眼马克思就到了上初中的年纪,1830年10月,马克思进入特里尔中学。这时的他不仅仅局限于课本上所学到的知识,他开始渴求课本之外的知识,开始对更多的、更大的领域感兴趣。可是马克思的求知渠道却并不广阔，仅仅依靠学校的读物和父母亲给他买的书籍根本满足不了马克思的求知欲。终于有一天，他无意中发现在学校后面的一条街上，有一家装修十分精美的书店。当他走进这家店时，看到这么多的书籍，比学校图书馆的书还要多很多，这让他惊喜不已。此后，一到放学的时候，马克思就急匆匆收拾好书包奔向了书店。有的时候，马克思在这里一待就是几个小时。可是因为马克思长期在书店逗留却从不买一本书，引发了书店老板的强烈不满。这一天，马克思再一次踏入书店，又奔向了书架，急忙地拿下昨天还没看完的书，正准备翻开继续阅读的时候，书店老板来到了他的身旁，怒气冲冲地对他说，这里不是图书馆。马克思只好讪讪地离开。

后来马克思在不远的大街拐角处，发现也开着一家书店，虽然装修不及前面一家精致亮丽，但这家书店的老板对马克思态度很好，他会温和地与马克思交流，问这个年纪轻轻却知识渊博的少年喜欢看什么类型的书籍。甚至，他会在马克思看得如痴如醉的时候，给马克思端一杯解渴的茶；他会在夕阳西下、天色渐渐转黑的时候小声提醒马克思到了回家的时刻……马克思深深地感激着这位书店老板，他由此体验到人世间一种善良的本性给他带来的温暖。

在结束中学时代后，马克思于1835年进入波恩大学接受高等教育。就在马克思进入大学之前,发生了一件对他的人生具有重大影响的事情。在马克思出去游玩的时候,他看到路边有一个年龄很小的孩子在拉着与他小小的身材完全不符的一车木头。马克思拦住这个孩子问道:"你为什么要拉着这么重的木头呢,你这么小的年龄难道不用读书吗?"令马克思惊愕的是,孩子非常淡然地说他早已这样做了,因为家里的情况非常困难,根本没钱供他上学,而他拉这些木头挣的工钱可以用来贴补家用。听完这个孩子的话后马克思心里感到十分震惊,想不到社会上的贫富差距竟如此之大,社会的不公竟如此之多。这让马克思又惊又气。他在心里暗暗发誓,以后他一定要致力于改变这种社会情况,一定要消除这种贫富差距,一定要让所有的人过上幸福平等的生活。正是因为马克思这种悲天悯人的美好品德,才使得之后的他会写出如此宏伟而又十分人性化的巨著。

1836年,按照父亲的安排,马克思从波恩大学转往柏林大学学习法律,但他大部分的学习焦点却放在哲学和历史上。柏林大学是一所知名的高等学府,这里有浓厚的学习氛围,有学识渊博的教授,还有认真勤勉的同学,扎实稳重的学风。这一切,都让马克思更加努力地督促自己勤于读书。在这所学校中,马克思学到了无数让他一生都受益匪浅的知识。这不仅充实了他的内心，更塑造了他坚毅的品格。在学习法律的过程中，他发现法律与哲学息息相关，于是他对哲学也产生了浓厚的兴趣。他开始逐步了解哲学的内容并且深陷其中。后来马克思渐渐觉得法律只能给少数人提供帮助，只能在小范围的区域内改善人们的生活，对消除贫富差距、消除阶级矛盾日益严重的社会问题起不到多大的效果。他认为只有从根本的思想上着手，才能彻底消除社会的种种不公和日益激化的矛盾。马克思开始转攻哲学。可是哲学这条道路注定是孤单的，并且是充满艰难险阻的。无数人在这条道路上摔倒，无数人在这条道路上毅然决然地选择掉头，也有无数人匍匐在这条道路上却一事无成。可是，马克思还是走上了这条道路。他开始研究哲学这门学问，这是困惑他一生，也是成就他名声的学科。

1840年，普鲁士新国王腓特烈·威廉四世即位。他迫害自由主义民主人士，要求所有出版物都必须通过严格审查，大学失去学术自由。新国王任命的柏林大学教授F.W.von Schelling将会审查马克思的博士学位论文，但马克思博士学位论文里哲学高过神学的立场不可能被反黑格尔的教授接受，所以马克思将博士学位论文改寄给萨克森-魏玛-艾森纳赫大公国的耶拿大学（Universität Jena）审查自己的博士资格。1841年马克思以论文《德谟克利特的自然哲学和伊壁鸠鲁的自然哲学之区别》申请学位,并因得到委员会的一致认可,未进一步答辩而顺利获得耶拿大学哲学博士学位。

19世纪初,工业革命席卷德国,推动了该国容克地主经济的发展,同时也加剧了下层劳动人民生活的赤贫化。饥饿驱使贫民到森林里捡拾枯枝、采摘野果,一些人甚至破坏猎场和牧场。虽然有1826年《普鲁士刑法典》对擅自砍伐和盗窃树木行为的严厉处罚,但上述事件仍有增无减。而许多人这样做竟然是为了被送进拘留所领一份监狱口粮,正是饥饿和无家可归才迫使人们违反林木管理条例。

1836年,在普鲁士因此而受到刑事处罚的有15万人,占全部刑事案件的77%。面对这种相当严峻的社会形势,普鲁士统治者不是从社会制度层面寻找问题的根源和解决问题的方案,反而出台了一个更严厉的法案,将人们在森林里捡拾枯枝、采摘野果和其他一些仅仅违反林木管理条例的行为也上升为盗窃犯罪,给予刑事处罚。马克思根据1841年第六届莱茵省议会会议记录,于次年10月写下《关于林木盗窃法的辩论》一文,谴责立法机关偏袒林木所有者的利益,剥夺贫民捡拾枯枝等习惯权利,系统地提出了自己的森林立法观。

马克思毕业后担任《莱茵报》主编,《关于林木盗窃法的辩论》正是发表在《莱茵报》上。对于《莱茵报》所发表的观点，普鲁士政府非常气愤，他们立刻派人查封了《莱茵报》，迫使它停止印刷。马克思一气之下，辞去了报纸的主编职务。马克思对自己的所作所为并不后悔，相反，他更认清了政府的丑恶。他在寻找时机，继续对政府作坚决抗争。

1843年《莱茵报》发行许可被普鲁士国王撤销，因为马克思在报上发表了一篇批评俄国沙皇的文章，引发俄国沙皇尼古拉一世的不满，普鲁士国王接到沙皇的抗议后下令查禁《莱茵报》，马克思因此失业。恰在此时，马克思认识了恩格斯。恩格斯是工厂主子弟却十分欣赏马克思的主张，经常出钱赞助马克思的活动与生活，马克思做学问认真严谨但生活随性，经常拖延要交给报社的文稿，恩格斯经常协助马克思的工作并代笔部分文章。

2.独特动人的爱情告白

就像是所有青春期懵懂的少年一样，马克思也会有少年的意气风发，也会有少年的豪放不羁，也会有少年说不清道不明的情愫。难能可贵的是他的初恋，也是他一辈子守候的女人——燕妮。

燕妮·马克思，原名约翰娜·珍妮·贝尔塔·朱丽叶·冯·威斯特华伦（Johanna Jenny Bertha Julie von Westphalen）于 1814 年 2 月 14 日诞生于特里尔一个名门望族。燕妮的家离马克思的家只有几分钟的路程。

燕妮就像一汪清澈的泉水，又像是一阵夹杂着花香的清风，滋润着马克思这片感情上干枯的心灵土地。马克思初见燕妮的时候，就被她吸引，然后深深地为她着迷。他像是被燕妮勾去了魂儿一样，每天他的脑海中反复浮现初见那天的场景。在他的印象里，那天天气晴朗，空气异常清新，耳边拂过阵阵微风，小鸟在树顶叽叽喳喳地叫着，一切都很可爱，一切都很美好。当燕妮出现的那一刻，时间仿佛就此定格，而他的心脏扑通扑通跳得比以往任何时刻都要剧烈。或许，他的心脏跳漏了几拍。马克思深深地对燕妮着了迷，他开始对燕妮展开了疯狂的追求，而燕妮对马克思也有着浓浓的爱意。

1836 年晚夏，在波恩大学攻读法律的一年级学生马克思，回特里尔向自己热恋的姑娘求婚。燕妮就和 18 岁的马克思约定了终身。按照当时的习俗来说，这是前所未有的。贵族出身、花样年华的燕妮，被公认为特里尔最美丽的姑娘和"舞会皇后"，许多英俊的贵族青年都为之倾倒，求婚者不乏其人。毫无疑问，她可以缔结一门门当户对的婚姻。但是她却蔑视社会的一切传统观念，瞒着父母把自己许配给一个市民阶层的子弟，她完全不能预计和马克思共同生活的前途如何。马克思认为暂时还不能在身为枢密顾问官的燕妮的父亲面前正式向燕妮求婚。因此，起初他只能向自己的父亲吐露秘密。他相信，他父亲会在燕妮的双亲面前为一次成功的求亲做好各种准备。

马克思的求婚告白特别戏剧化，以致后来他的告白方式都成了后人的告白模本。有一天他约了燕妮出来。他非常困惑地对燕妮说，他爱上了一个非常美丽的女孩，但是他不知道这个女孩心中的想法，所以他现在非常地纠结和困惑。他不知道自己是不是要去告白，如果被拒绝了，他不仅无地自容，而且这将会是对他的一个极大的打击。说出这些话，让马克思紧张不已，似乎一旦他被拒绝可能就会从此一蹶不振，伤心欲绝。这让燕妮十分地担心。她关切地问马克思究竟是什么样的女孩让他如此动心和痴迷。当她问完这句话，一种莫名的紧张和惶恐的表情已写在她的脸上。马克思看到燕妮已经跟自己预计的表现一模一样时，便适时地询问燕妮是否愿意看一眼那个女孩的照片。燕妮自然是愿意的，甚至可以说她迫切地想要知道到底是哪位漂亮的女孩子可以让马克思这样疯狂。当燕妮接过马克思掏出的照片，看到照片上的人时，她惊呆了，因为这就是她的照片啊。燕妮这时才恍然大悟，原来马克思喜欢的女孩子便是自己，她终于松了一口气。之后，燕妮自然同意了马克思的追求，并且从此就和马克思甜蜜地相守在一起。往后她总是默默地站在马克思的身后，一直支持和鼓励他，为他操持着一切，只为让他安心地完成自己的梦想。

1836年10月，马克思从离家不远的波恩大学转赴离家遥远的柏林大学读书，这意味着他们之间要分开一段相当漫长的时间。在柏林，由于心灵激荡的感情和倾心思慕的爱情以及带来的悬念和焦虑，一度影响了马克思全心全意地投入学习。他曾向他父亲坦率吐露说，由于远离莫塞尔河谷，远离他的"无限美好的燕妮"，他已"陷入了真正的不平静之中"。困扰他的绝不是什么猜忌心，因为他对燕妮的爱情从未有过丝毫怀疑，只是由于想到不得不和她在漫长的岁月里长期分离，他感到心情异常沉重。

在大学期间，他重拾曾经一贯的爱好，经常泡在图书馆中，有时一坐就是一天。他在图书馆里阅读了大量的书籍，也学到了丰富的知识。

课余生活给了马克思很多的选择。他选了很多课外的活动，比如说击剑。击剑是一项绅士的运动，不仅可以锻炼人的体力和敏锐的洞察力，还可以考验人的耐心和毅力。这是一项非常难以掌握的项目，可是马克思却很好地掌握了击剑的精髓。他每天都会到指定的场地练习击剑，虽然他已经熟练地掌握了击剑的技巧，但是他还是继续努力地练习着，因为他认为精益求精才能有所成就。这也是后来马克思编写的巨著几乎无懈可击的原因。有人质疑他的思想方向，却没人质疑他论述的严密性，因为他精益求精，经过无数次的删改，他的论述自然是近乎完美。

不久后，马克思练习的这项运动果真派上了用场。一些贵族富公子仗着自己的权势竟然强行要求全系的所有学生参加他们的活动。这让马克思感到非常气愤，对着领头的那几个贵公子大声质问："你们有什么资格决定别人的生活？"那几个贵公子一看马克思这般气势，便十分傲慢地说："我们是社会中少有的那部分高等人，自然可以对你们发号施令。"听完他们的傲慢语言，马克思感到十分屈辱。双方一时争执不下，最后拿定主意，以击剑论胜负。马克思听到这个提议后，对自己有十足的信心。激烈的比赛中，马克思完全压制住贵族公子，不论是比分上还是心理上，都让对方没有丝毫翻身的余地。结果自然是贵族公子落败，并且败得一塌糊涂。马克思一时之间成了全校闻名的人物，甚至那些被逼迫的同学，都将他看作崇拜的对象。

这一年，当大家知道马克思与心爱的燕妮订婚了，学校里祝福的人有，冷嘲热讽的人也有，更多的人为之艳羡不已。因为燕妮出身贵族，又长相美貌，马克思平民的身份与之相比有一定的差距。燕妮曾经得到多少青年才俊的追求，人们怎么也没有想到，燕妮竟然会选择与一个比她还小了将近4岁，并且前途一片迷茫的年轻人订婚。

虽然他们订了婚，却不能时时在一处，这让深爱着燕妮的马克思十分地苦恼。但是为了继续学业，他不得不返回校园继续深造。在这期间，他几乎天天给燕妮写上一篇热情似火的情诗。这也让马克思在文学上的造诣突飞猛进。每当思念燕妮时，他便掏出纸笔，写下一句句饱含深情却又刻骨铭心的诗句。这些诗句中饱含着他对燕妮的深切爱意，饱含着他对燕妮强烈的思念之情。其中也有不少是表达自己的思想、志愿和渴望有所作为的心情。

1841年4月15日，马克思提前获得了哲学博士学位。当耶拿大学收到来自马克思的博士学位论文后，立刻热情地邀请马克思到耶拿大学求学。马克思欣然接受。在拿到博士学位之后，马克思迫不及待地想要迎娶燕妮。年轻的哲学博士刚刚到特里尔，就赶忙去燕妮家，把博士学位论文亲手送到燕妮父亲的手里。燕妮和马克思在多年分离之后，本来打算立即结婚的，但燕妮的父亲告诉他，光有一篇博士学位论文并不能作为维持生计的基础。因而他和燕妮不得不打消结婚的念头，马克思只能先找到工作再做结婚的打算了。可是，他找工作的道路却并不顺利。他先是四处碰壁，然后又因为哲学证书而被挑三拣四。无奈的马克思只好先向报社寄去他创作的文稿以赚取稿费。从1842年4月开始，马克思为《莱茵报》撰稿，1842年10月，《莱茵报》的股东们委任马克思为主编，1843年3月，马克思被迫退出《莱茵报》编辑部。接着与阿尔诺德·卢格磋商了关于共同从事著作出版的计划。在这一年，他先后经历了父亲重病、弟弟去世、结婚未果等重大打击，对他已是不小的伤害。然而他寄去报社的文稿一经刊登，竟然招来了政府工作人员的质疑。这让马克思感到十分疲惫和难捱。但是他依旧源源不断地为《莱茵报》提供文稿，直至这份刊物被查封。查封之后，因不能忍受向县政府妥协的屈辱，马克思毅然决然地放弃了在报社的工作，回到了燕妮的身边。

1843年6月19日，马克思才到克罗茨纳赫（燕妮在她父亲于1842年3月去世后就和母亲迁居到这个地方），终于与他日夜思念的恋人燕妮结婚。从他们私自约定终身到结合，燕妮等待了漫长的7年，终于团聚在一起。在这7年中，她除了曾与未婚夫马克思有过少数的几次相聚之外，就只能从远处用自己的思念和书信陪伴他了。她在给马克思的一封信中写道："你的形象在我面前是多么光辉灿烂，多么威武堂皇啊！我从内心里多么渴望着你能常在我的身旁。我的心啊，是如此满怀喜悦的欢欣为你跳动；我的心啊，是何等焦虑地在你走过的道路上跟随着你……处处有我在陪伴着你，走在你的前头，也跟在你的后面。但愿我能把你要走的道路填平，扫清阻挡你前进的一切障碍。"同时，她还不得不同她的几个贵族亲戚进行十分折磨人的斗争。

马克思终于可以牵着心上人的手走过教堂的过道，在亲友的注视下和祝福声中，相互发完对对方一生守候的誓言。马克思满身心浸透着无限甜蜜。终于，令他日思夜想的那一天来到了。那时的他觉得自己是世界上最幸福的人了，可以牵着心爱的人在那么多人的见证下完成自己的婚礼。马克思觉得很满足。

婚礼举行后，马克思和燕妮随即动身进行了一次短途新婚旅行。1843年秋，年轻的马克思夫妇一同踏上流亡的征途，来到巴黎。在此期间马克思着手研究政治经济学、法国社会运动及法国历史，并最终成为一名共产主义者。

3. 艰辛的探索之路

1843年10月底，马克思和燕妮一起来到巴黎。婚后的他们因为要寻求可以满足马克思自由创作的环境而移居法国。他们选取的定居点是在巴黎塞纳河畔的一所公寓。不久，马克思和燕妮同比他们早两个月来到这里的卢格筹办并出版《德法年鉴》杂志。可是杂志社很快就被取缔了,这让马克思相当头疼。怎样才能逃脱政权的束缚,让自己自由自在地创作呢?马克思一直在思索着这个问题。至此,他俩拉开了充满困苦和自我牺牲的生活序幕。

1844年9月,恩格斯到访巴黎,两人并肩开始了对科学社会主义的研究,并结成了深厚的友谊。马克思写了《经济学哲学手稿》,这份手稿直到1933年才被发现并发表,被称为《1844年经济学哲学手稿》。1845年,马克思参与编写《前进周刊》,在其中对德国的专制主义进行了尖锐的批评。普鲁士政府对此非常不满,并要求法国政府驱逐马克思。同年秋,马克思被法国政府派流氓殴打,并被驱逐出境,被迫来到比利时布鲁塞尔。1845年12月,马克思宣布脱离普鲁士国籍。

其后马克思和恩格斯一起完成了《德意志意识形态》。书中批判了黑格尔的辩证法,并对费尔巴哈唯物主义的不彻底性进行了分析,从而第一次系统地阐述了他们所创立的历史唯物主义,明确提出无产阶级夺取政权的历史任务,为社会主义由空想到科学奠定了初步理论基础。1846年年初,马克思和恩格斯建立布鲁塞尔共产主义通讯委员会。1847年,马克思和恩格斯应邀参加正义者同盟。1847年6月,改组同盟并更名为"共产主义者同盟",马克思和恩格斯起草了同盟的纲领《共产党宣言》。此后1848年革命席卷欧洲,也波及比利时。1848年3月,马克思遭到比利时当局的驱逐。在法国临时新政府的邀请下,马克思夫妇回到法国巴黎,恩格斯也抵达巴黎。

1848年4月,在德国无产者的资助下,马克思和恩格斯一起回到普鲁士科隆,创办了《新莱茵报》。随后几乎所有的编辑或遭司法逮捕,或遭驱逐出境。1849年5月16日,马克思接到普鲁士当局的驱逐令。5月19日,用红色油墨刊印的《新莱茵报》最后一号第301号出版。6月初,马克思又来到巴黎。他被迫选择或是被囚禁于法国布列塔尼(Brittany),或是再次被迫驱逐。8月,马克思被法国政府驱逐,前往英国伦敦。从普鲁士派驻英国的密探报告提到马克思似乎从不刮胡须来看,马克思在英国仍被普鲁士政府监视。

由于马克思对共产主义事业的卓越贡献和对地主、资产阶级的无情揭露和批判,使得一切保守势力都排挤他、驱逐他。他不得不携家小四处转移,其生活困难有时达到难以想象的地步。1850年3月底,随马克思一起流亡伦敦的燕妮写信给好朋友约瑟夫·魏德迈时,描绘了她当时的生活情况:"因为这里奶妈工钱太高,我尽管前胸后背都经常疼得厉害,但还是自己给孩子喂奶。这个可怜的孩子从我身上吸去了那么多的悲伤和忧虑,所以他一直体弱多病,日日夜夜忍受着剧烈的痛苦。他从出生以来,还没有一夜能睡着两三个小时以上的。最近又加上剧烈的抽风,所以孩子终日在死亡线上挣扎。由于这些病痛,他拼命地吸奶,以致我的乳房被吸伤裂口了,鲜血常常流进他那抖动的小嘴里。有一天,我正抱着他坐着,突然女房东来了,要我付给她5英镑的欠款,可是我们手头没有钱。于是来了两个法警,将我的简陋的家当——床铺衣物等,甚至连我那可怜孩子的摇篮以及比较好的玩具都查封了。他们威胁我说两个钟头以后要把全部东西拿走。我只好同冻得发抖的孩子们睡光板了。"马克思和燕妮生了4女2男共6个孩子,由于上述原因,只有3个女儿(即长女珍妮·马克思,次女劳拉·马克思,三女儿艾琳娜·马克思)长大成人。当时多亏了海伦·德穆特·琳蘅,燕妮如果没有这样一个忠实的助手,那就很难设想她和她的孩子们后来怎样过下去。

在这种境况下,燕妮还是深深地爱着马克思。她除了母亲和主妇的责任,除了为每天的生活操心之外,还担负起了许多其他工作。燕妮是马克思不可缺少的秘书,几乎所有马克思的手稿(其中大部分是很难辨认的)在送到印刷厂或出版社去以前,总得由她誊写清楚。

与出版社和编辑办交涉,一些烦琐的手续,很难处理的事务，必须写的情况，不少由燕妮代办。马克思不是那种轻易在口头上流露心情的人，但当燕妮因母亲垂危离开了他几个月时，他便在给她的信中写道：

  深挚的热情由于它的对象的亲近会表现为日常的习惯，而在别离的魔术般的影响下会壮大起来并重新具备它固有的力量。我的爱情就是如此。只要我们一为空间所迫，我就立即明白，时间之于我的爱情正如阳光雨露之于植物——使其滋长。
  我对你的爱情，只要你远离我身边，就会显出它的本来面目，像巨人一样的面目。在这爱情上集中了我的所有精力和全部感情……我如能把你那温柔而纯洁的心紧贴在自己的心上，我就会默默无言，不作一声。我不能以唇吻你，只得求助于文字，以文字来传达我的爱。

马克思的人生之路充满了艰辛。他要同各种看不见的不容于他的社会的敌人斗争，同时又要同一直威胁着他和他的家人生命的贫困作斗争。庆幸的是他的一生中遇到了两个最重要的人，一个是他的妻子燕妮，给了他足够的情感和精神的支持；一个是他的革命战友恩格斯，在同政治上思想上的敌人的斗争中，他是马克思坚定的同志和斗士，在生活的困窘中，是他给了马克思最无私的经济上的帮助。在往后的日子里，马克思一直受到恩格斯的接济，并且在恩格斯的帮助下成功发表了一本接一本的思想专著。此时，马克思才得知恩格斯是从那个只发行了一次的期刊上注意到了自己的名字，特意前来拜访作者的人。从1844年他们一见如故，彼此又志趣相投，便立刻结下了深厚的友谊。

马克思在思想上是富有者，在经济上却是赤贫户，这位对资本主义经济有着透彻研究的伟大经济学家，本身一贫如洗，他的一生几乎是在贫困潦倒中度过的。在伦敦，马克思度过了一生中最困难的日子。马克思没有固定的工作，一家人的经济来源主要靠他极不稳定而又极其微薄的稿费收入，加之资产阶级对他的迫害和封锁，使饥饿和生存问题始终困扰着马克思一家。在5年时间里，马克思因为经济和债务问题，精神焦虑，受疾病所苦情绪不佳，当时4个孩子中的3个死亡，他自己差不多被置于死地。在颠沛流离的生活中，他常常囊空如洗，衣食无着，在困境的泥沼中挣扎。

从马克思在1852年2月27日给恩格斯的信中我们看到这位全世界著名理论家的困境。马克思写道："一个星期以来，我已达到非常痛苦的地步：因为外衣进了当铺，我不能再出门，因为不让赊账，我不能再吃肉。"不久又写信向恩格斯倾诉："我的妻子病了，小燕妮病了，琳蘅患有一种神经热，医生我过去不能请，现在也不能请，因为没有买药的钱。8至10天以来，家里吃的是面包和土豆,今天是否能够弄到这些,还成问题。"饥饿、贫困和家务琐事,困扰着马克思,他的心情愤怒烦躁,无法集中精力和智慧进行理论创作。对马克思的困境,恩格斯当作自己的困难。他在给马克思的信中写道:"2月初我将给你寄5英镑,往后你每月都可以收到这个数。即使我因此到新的决算年时负一身债,也没有关系……当然,你不要因为我答应每月给你寄5英镑就在困难的时候也不再另外向我写信要钱,因为只要有可能,我一定照办。"此时的恩格斯在欧门的公司里只是一个普通的小办事员,收入也是十分微薄的。

恩格斯后来做了公司的襄理,月薪有了提高。从1860年以后,对马克思的支援增加到了每月10镑,还常常"另外"给些资助。从1851年至1869年,马克思总共收到了恩格斯的3121镑。对当时的恩格斯来说,这已是倾囊相助了。正是由于恩格斯的慷慨相助,马克思才勉强维持生存,得以长期地一心从事科学著述。就在这期间,马克思以惊人的毅力写出了他的最重要著作——《资本论》(第一卷)。如果不是恩格斯在经济上长期无私的援助,马克思无法从事领导国际无产阶级运动和专心理论创作。恰如列宁所说:"如果不是恩格斯牺牲自己而不断给予资助,马克思不但不能写成《资本论》,而且势必会死于贫困。"对恩格斯的无私奉献，马克思非常感动，也十分不安，他在1867年致恩格斯的信中写道："坦白地向你说，我的良心经常像被梦魇压着一样感到沉重，因为你的卓越才能主要是为了我才浪费在经商上，才让它们荒废，而且还要分担我的一切琐碎的忧患。"这是马克思的肺腑之言。对马克思及其家人生活的关心，使恩格斯已成为马克思一家躲避生活风雨的港湾，马克思一到这个港湾，就显得安静和快乐多了。

1855年4月，马克思最喜爱的儿子埃德加尔病逝，这给马克思造成沉重的打击，他感到自己快支持不住了。在致恩格斯的信中马克思倾诉了无限悲痛的心情："在这些日子里，我之所以能忍受这一切可怕的痛苦，是因为时刻想念着你，想念着你的友谊，时刻希望我们两人还要在世间共同做一些有意义的事情。"恩格斯把马克思夫妇接到了曼彻斯特，在恩格斯的精心安排和照料下，马克思夫妇度过了人生中最难熬的时刻。恩格斯已是马克思家中的一名"编外"成员了，每次去马克思家里，全家就像过节一般高兴，马克思的女儿们把恩格斯看成"第二个父亲"。当然，马克思一家人对恩格斯的健康，更是牵肠挂肚。1857年7月在恩格斯生病的时候，马克思写信安慰："亲爱的恩格斯，你可以相信，不管我们如何不幸，我和我的妻子对你最近健康情况的消息比我们自己的事更为关切。"两位老战友在异地工作时,经常通信相互交流思想,毫不保留地倾诉个人生活和政治生活中的喜怒哀乐,在他们的1000多封通信中,我们看到这两位战友的情深意笃,有几天收不到对方信件,彼此就相互挂念起来。马克思在一次致恩格斯的信中这样写道:"亲爱的恩格斯,你是在哭还是在笑,是在睡觉还是醒着?最近三个星期,我往曼彻斯特寄了各种各样的信,却没有收到一封回信。但是我相信都寄到了。"同样,如果有几天听不到马克思的音讯,恩格斯就会发出"连珠炮"似的追问:"老摩尔(形容皮肤黝黑的人),老摩尔,大胡子的老摩尔,你出了什么事情?怎么听不到你一点消息?你有什么不幸,你在做什么事情?你是病了?还是陷入了你的政治经济学的深渊?"他们畅所欲言,无所不谈。对与恩格斯之间的友谊,马克思作了高度的评价,1866年2月20日在给恩格斯的信中说:"我们之间的这种友谊是何等的幸福,你要知道,我对任何与他人的关系都没有作过这么高的评价。"

恩格斯和马克思的崇高友谊,建立在共同信仰和追求基础之上的友谊,是这样情深意长,牢不可破。

1864年9月28日,马克思参加了第一国际成立大会,被选入领导委员会。他为国际起草《成立宣言》《临时章程》和其他重要文件。1867年9月14日,《资本论》第一卷出版。后两卷在马克思死后,由恩格斯整理其遗稿，分别在1885年、1894年出版。1870年10月马克思与移居伦敦的恩格斯再度相聚。由于被许多国家驱逐，到处流亡，他曾自称"世界公民"。

马克思与燕妮的黄昏之恋更加热烈。1880年，燕妮可能患了肝癌，她以惊人的克制能力，忍受着极大的疼痛。在这以后令人心碎的一年多时间里，马克思不离左右地照料妻子，为了要让她快活些，马克思于1881年七八月间，陪着她到法国去看了大女儿和几个外孙。1881年秋天，由于焦急和失眠，体力消耗过度，马克思也病了。他患的是肺炎，有生命危险，但他仍然忘不了燕妮。他们的小女儿在谈到双亲暮年最后一段时光的生活时说："我永远也忘不了那天早晨的情景。他觉得自己好多了，已经走得动，能到母亲房间里去了。他们在一起又都成了年轻人，好似一对正在开始共同生活的热恋着的青年男女，而不像一个病魔缠身的老翁和一个弥留的老妇，不像是即将永别的人。"

1881年12月2日，燕妮长眠不醒了。这是马克思从未经受过的最大打击。燕妮逝世那天，恩格斯说："摩尔也死了。"在以后的几个月里，他接受医生的劝告，到气候温和的地方去休养。可是不论到哪儿都忘不了燕妮，止不住悲痛。他写信给最知己的朋友说："顺便提一句，你知道，很少有人比我更反对伤感的了。但是如果不承认我时刻在怀念我的妻子——她同我的一生中最美好的一切是分不开的——那就是我在骗人。"他的这些话是多么令人感动啊!

1883年1月11日,传来了大女儿突然去世的噩耗,马克思的病情加重了。1883年3月14日下午2时45分,伟大的思想家马克思在伦敦寓所辞世,享年65岁。后与燕妮合葬于伦敦北郊的海格特公墓内。恩格斯发表了墓前演讲,约有20人参加了葬礼。

4. 引领新时代的思想灯塔

马克思终其一生都在探索现代哲学、政治经济学和科学社会主义的道路上披荆斩棘,艰难前行。所幸,他不是踽踽独行,他还有一个志同道合的战友陪着他共同抵挡那无尽的风雪。由他和他的战友恩格斯共同创立的马克思主义成为人类思想史上的光芒四射的灯塔,描绘出人类社会发展的科学规律,指引并开创出无产阶级专政和社会主义革命的新时代。

马克思主义即马克思恩格斯创立的基本理论、基本观点和学说的体系。马克思主义在19世纪40年代产生于西欧,有着深刻的社会历史背景。当时西欧资本主义已有相当发展。英、法、德三国是其发源地。因为当时的英、法、德等国已经或正在实现产业革命,生产力和科学技术达到前所未有的水平。无产阶级已经由自在阶级开始向自为阶级转变。英国宪章运动、法国里昂工人起义和德国西里西亚纺织工人起义标志着无产阶级已经作为独立的政治力量登上历史舞台。马克思主义以《共产党宣言》的问世为标志，是资本主义矛盾激化和工人运动发展的产物。

另外，19世纪科学技术的新成果，特别是细胞学说的确立、能量守恒和转化规律的发现、进化论的新发展为马克思主义的产生奠定了坚实的自然科学基础。

马克思和恩格斯完成了这一历史使命。

马克思主义是人类优秀文化遗产的产物。它主要是批判地继承德国古典哲学、英国古典政治经济学，以及英国、法国空想社会主义而创立的崭新的无产阶级思想的科学体系。马克思和恩格斯按其社会地位而言，原是资产阶级知识分子；按其哲学观点而言，原是唯心主义者；按其政治观点而言，原是民主主义者。马克思和恩格斯在1841年以前曾经接受黑格尔唯心主义哲学，从1841年下半年起转向费尔巴哈的唯物主义。他们吸取黑格尔哲学中辩证法的合理内核而摒弃其唯心主义，吸取费尔巴哈哲学中的唯物主义而摒弃其形而上学和社会历史问题上的唯心观点，创立了辩证唯物主义哲学。此外，英法空想社会主义、法国启蒙学者的思想和法国复辟时期历史学家的阶级斗争学说，也为科学社会主义理论的创立提供了有益的思想资料。

在1842—1844年间,马克思和恩格斯积极投身于现实的政治斗争、工人运动和科学研究,转变为无产阶级知识分子、唯物主义者和共产主义者。从1844年起合著《神圣家庭》《德意志意识形态》,并分别著有《英国工人阶级状况》《哲学的贫困》等书,阐明无产阶级的新世界观。

1848年2月,《共产党宣言》在伦敦第一次以单行本问世。《共产党宣言》又译为《共产主义宣言》,是马克思和恩格斯为共产主义者同盟起草的纲领,是国际共产主义运动第一个纲领性文献,它第一次对无产阶级的思想体系作了系统的表述,是马克思主义诞生的重要标志。《共产党宣言》由马克思执笔写成。

宣言第一次全面系统地阐述了科学社会主义理论,指出共产主义运动已成为不可抗拒的历史潮流。它运用辩证唯物主义和历史唯物主义分析生产力与生产关系、经济基础与上层建筑的矛盾,分析阶级和阶级斗争,特别是资本主义社会阶级斗争的产生、发展过程,论证资本主义必然灭亡和社会主义必然胜利的客观规律,作为资本主义掘墓人的无产阶级肩负的世界历史使命。《共产党宣言》最后庄严宣告:"无产者在这个革命中失去的只是锁链,他们获得的将是整个世界。"并发出国际主义的战斗号召:"全世界无产者,联合起来!"

1867年9月14日，马克思在德国汉堡发表了《资本论》第一卷。《资本论》全称《资本论·政治经济学批判》，是马克思主义的重要百科全书，同时也是马克思研究资本主义社会经济形态的巅峰之作。马克思在这部著作里，以唯物史观的基本思想为指导，通过深刻分析资本主义生产方式，揭示了资本主义社会发展的规律。他将社会关系归结为生产关系，将生产关系归结于生产力，从而证明社会形态的发展是一个不以人的意志为转移的自然历史过程。

1875年，马克思完成了《对德国工人党纲领的几点意见》写作，这标志着马克思完成了科学社会主义政治经济学原理的全部设计与写作。

在以后马克思和恩格斯的毕生活动中，继续丰富了马克思主义。"马克思主义"一词，在1883年3月马克思逝世后，被作为无产阶级思想体系的代表而逐步流行起来。

马克思主义是无产阶级的科学世界观和方法论，是关于自然、社会和思维发展的普遍规律的学说。马克思主义是由一系列的基本理论、基本观点和基本方法构成的科学体系，它是一个完整的体系，按照列宁在1913年的提法，包括哲学、政治经济学和科学社会主义（恩格斯的著作《反杜林论》中也有相似分类）。马克思和恩格斯阐明了自然、社会和思维的发展规律，揭示了资本主义生产方式的固有矛盾和资本主义社会的特殊运动规律，证明了资本主义必然崩溃，共产主义必然胜利，指出无产阶级是资本主义制度的掘墓人和共产主义社会的创造者。

马克思主义是人类优秀文化成果，特别是19世纪欧洲重大社会科学成果和工人运动相结合的产物。它是博大精深的理论体系，是工人阶级的世界观，是工人阶级认识世界和改造世界的思想武器，是工人阶级争取阶级解放的科学理论。

马克思主义是无产阶级及其政党十分严整而彻底的世界观，是指导无产阶级解放运动的理论，是无产阶级根本利益的科学表现。在资本主义生产方式已经形成、无产阶级和资产阶级的斗争日益尖锐化的时期，马克思和恩格斯被奉为国际无产阶级领袖和革命导师，他们所创立的思想体系，成为无产阶级政党的指导思想的理论基础。

马克思主义是关于无产阶级和人类解放的学说，即人类解放学。马克思主义的诞生是人类思想史上的伟大革命，它第一次确立全面的、科学的世界观和方法论，不仅为全世界无产阶级和全人类的解放指明正确的道路，而且为各门科学的发展提供锐利的武器。至今，马克思主义不仅在国际社会的政治领域，而且在文化科学领域都有着广泛而深远的影响。至今，在马克思的故乡德国特里尔，马克思故居和马克思博物馆每年吸引着世界各地成千上万的游客到这里参观游览。

2005年7月，英国广播公司以"古今最伟大的哲学家"为题，调查了3万名听众，结果是马克思得票率第一、休谟第二（马克思以27.93%的得票率荣登榜首，第二位的苏格兰哲学家休谟得票率为12.6%）。

2005年11月28日，德国电视二台投票评选最伟大的德国人，马克思名列第3位，仅次于康拉德·阿登纳和马丁·路德。

2016年1月，马克思和恩格斯所著的《共产党宣言》已成为美国大学三大指定读物之一。

马克思主义作为无产阶级和人类解放的学说，作为无产阶级政党的指导思想的理论基础，不是教条，而是行动的指南。一百多年来，它指导无产阶级的解放斗争取得重大胜利，随着社会实践和科学技术的发展而不断发展。马克思、恩格斯在进行深刻的科学研究工作的同时，亲身参加和领导国际共产主义运动，建立无产阶级的革命组织，指导国际无产阶级的革命斗争，总结无产阶级革命斗争的历史经验，在理论和实践相统一的基础上不断丰富和发展马克思主义。马克思主义在运用中必须同各个时代、各个国家的具体实际相结合。俄国的领导者列宁在世界历史进入帝国主义的时代向前发展了马克思主义。中国人民正是在自己的革命和建设实践中,以马克思主义为指导,联系本国的实际,夺取了新民主主义革命和社会主义建设的举世瞩目的伟大成就。在中国革命和建设中形成的毛泽东思想理论体系正是马克思主义在中国的新发展。在新的历史时期,各国杰出的马克思主义者也在结合本国的革命与建设实践不断地丰富和发展马克思主义的科学体系。在 21 世纪,马克思主义的新发展正体现出强大的生命力。

社会主义的探路者——恩格斯

弗里德里希·恩格斯（Friedrich Engels，1820—1895），德意志民族，普鲁士王国莱茵省巴门市（今德国伍珀塔尔市）人。德国思想家、哲学家、革命家，马克思主义创始人之一，全世界无产阶级和劳动人民的伟大导师，国际工人运动的领袖。1847年他和马克思一起创立了世界第一个以科学社会主义为指导思想的无产阶级革命政党——共产主义者同盟，1848年他和马克思共同起草的《共产党宣言》出版，成为无产阶级政党的第一个革命纲领。他和马克思共同创立了马克思主义，指导成立了共产国际，领导了国际工人运动，开启了世界无产

弗里德里希·恩格斯

阶级革命的新时代。他的主要代表作有《共产党宣言》（与马克思合著）、《反杜林论》《家庭、私有制和国家的起源》等。恩格斯被称为一个百科全书式的思想家。

提起恩格斯，我们总会想到另外一个人，那就是马克思。众所周知，恩格斯是与马克思一起构建科学社会主义理想的知心好友，一起反对封建神学、反对伪科学的并肩作战的兄弟，被誉为"第二提琴手"。他们经常被人们放在一起相提并论。或许有的时候，马克思的名气要更大一点，而这个时候恩格斯便相当于马克思背后的陪衬，是将马克思这朵科学社会主义鲜花衬托得更加艳丽的绿叶。而事实上，在构建科学社会主义理论的时候，恩格斯的贡献同样很大。在马克思生前，他会要求出版的书署名为马克思。在马克思去世后，他依旧笔耕不辍，整理、出版马克思未完成的《资本论》等理论专著。在创立马克思主义的伟大事业中，恩格斯和马克思不可分割，功绩永存。

1. 令人留恋的少年时光

1820 年 11 月 28 日，在普鲁士的巴门市一个寒冷的冬日里，科学社会主义的开山鼻祖就这样来到了这个世界上。在一个装修精致的小洋房内，弗里德里希·恩格斯正静静地躺在母亲的怀抱中，在母亲身侧的人便是恩格斯的父亲，此时这二人便开始端详起这个刚刚出生的娃娃。他正安静地躺着，不哭也不闹，只是睁着大眼睛在观察这个世界。

恩格斯的曾祖父是一个实业家。他早年开办了一个纺织厂。这个纺织厂大大地提高了生产率，并且无论从外观上还是质量上来说，纺织厂生产出来的产品总是要比家庭生产的更胜一筹。因为效率如此之高，不仅仅是产品质量好、外观精美，更关键的是物美价廉，所以附近的居民都会选择这个纺织厂所生产出来的产品。渐渐地，这个工厂在巴门市出了名。这里的人们都认准了这家工厂，只要是购买布匹衣料，都会选择这里。由于妥善的经营和有力的宣传，这个纺织厂渐渐成了巴门市首屈一指的大工厂。这个工厂经由曾祖父传给祖父，再代代传下来。到了恩格斯父亲的这代，这家工厂依旧生意兴隆，并且规模不断地扩大。在生意越做越好的同时，恩格斯父亲也广结善缘。他经常到一些街角，给那里乞讨的可怜人一些钱财，以免他们在寒冷的冬天支持不下去。他也会专门成立一个小部门，负责给那些穷困潦倒的人予以帮助和支持。他甚至会到一些穷人居住的地方，去寻找手指灵活、踏实肯干的人到他的工厂干活。他这么做是为了帮助他们。恩格斯的父亲是远近闻名的大善人，就连最苛刻、最小肚鸡肠的人都对他竖起大拇指。所以当小恩格斯举办洗礼仪式的时候，几乎全城各界的代表都来到了小恩格斯的家里。他们真心地祝福着小恩格斯快乐成长，身体健康，并且学有所成。

在父母亲的关爱下，小恩格斯茁壮地成长。到了上学的年龄，他被送往巴门市立学校读小学。小恩格斯的父亲是一个严厉、严谨并且一丝不苟的人。他总是要求小恩格斯好好学习，把作业做到最好，做任何事情不要轻易言败。每当小恩格斯遇到困难的时候，父亲总是告诫他要有始有终，不可半途而废。在恩格斯的心里，父亲的话就是真理。他的父亲就像英雄一般，时时保护着他，时时爱护着他，时时为他保驾护航，时时为他遮风挡雨，时时为他指明人生的方向。虽然父亲表面上是严肃的、不苟言笑的，但是小恩格斯还是可以从父亲的表情里看到宠爱和骄傲。而小恩格斯的母亲是一个温柔大方又得体的女人。她经常会慈爱地看着正在学习或玩耍的小恩格斯，看着他脸上的小小汗珠，看着他心满意足的笑容，看着他每一次摔跤后爬起。她只希望小恩格斯可以平平安安、健健康康地长大。小恩格斯最喜欢他的母亲，不仅是因为母亲对他的宠爱和对他的无限关怀，还因为母亲那优雅的举止，因为母亲那亲切温柔的话语，因为母亲那淡雅如菊的气质。他一有空便腻在母亲身旁，嗅着母亲身上的香气，像是一个可爱的婴儿躺在母亲的怀里找奶吃。孩童时代的恩格斯最喜欢静静地跟母亲一待就是一下午,他很享受在母亲身边的那些时光,这让他感到自由自在,无忧无虑。

说起最让恩格斯难忘的快乐时光是在外祖父家的时候。外祖父家有满满一书柜的藏书。每当小恩格斯到外祖父家的时候,总要第一时间跑到书柜去拿上一次还没有看完的书,坐下慢慢地品读。小恩格斯总是很享受这样的午后休闲方式。每当恩格斯有什么不明白的地方,他总是会跑到外祖父的跟前,踮起脚尖,把书放在坐在书桌前的外祖父的面前,问问他每个词汇的意思,问问他每句话的深层含义。这个时候,外祖父总会耐心地给他讲解每一个词汇、每一句话的意思,直到小恩格斯完全弄明白,外祖父才会继续做他的事情。在小恩格斯的印象里,外祖父是一位知识渊博、学富五车的人。每当外祖父没有事情的时候,他总会拉过恩格斯,或是加上其他几个小孩,给他们讲故事,他什么故事都讲。无论是真实的学者、大学问家还是神话故事中的人物,外祖父总是能绘声绘色地讲述出来。外祖父最喜欢给小恩格斯讲述希腊神话中的故事。他会讲述太阳神阿波罗是怎样的英勇神武,他会绘声绘色地讲述普罗米修斯的伟大事迹。当他讲到普罗米修斯从太阳神那盗走火种那种惊心动魄的场面,小恩格斯惊出了一身冷汗;当他讲到普罗米修斯被宙斯惩罚困于锁链之中，被老鹰啄食心脏的时候，小恩格斯又听得满眼泪花。外祖父还会给小恩格斯讲述智慧女神雅典娜的故事、海神波塞冬的故事，还有很多很多让小恩格斯无比感兴趣的故事。也是因为外祖父的影响，小恩格斯十分喜欢读书，无论是外国名著还是本国文学，无论是看得懂的，或是只懂皮毛的，还是可以深刻理解的，小恩格斯都会拿过来反复看，反复琢磨，反复研究，直到研究透彻，才会换下一本书再看。或许就是因为此时养成的良好阅读习惯，种下了他独立研究的种子，才会为将来那个知识渊博的、有主见的恩格斯打下坚实的基础。外祖父对他在成长道路上的影响可谓是巨大的，是不可磨灭的。数年后的恩格斯回忆起童年在外祖父家里度过的美好时光，也会感慨地说外祖父对自己人生道路的影响仅次于他的父亲。以至于后来，他多么希望可以有那么一天让他重回这个温暖的午后，听外祖父讲着各种各样的故事，描绘着各种各样的人生轨迹。小恩格斯总是在听完这些故事后陷入沉思，他在默默地思考自己的人生，他要追随着英雄们的脚步，为这个世界增添美好，为这个社会添砖加瓦，他要改变那些不好的现象，他要为人们的幸福生活站岗执勤。他在那么小的年纪就能坚定自己未来的方向，就能明确自己的人生道路，他的人生轨迹注定与众不同。

转眼间，小恩格斯慢慢地长大了，到了上中学的年纪。1834年他转入爱北斐特理科中学读书。在中学里，恩格斯像父亲教导的那样严于律己，他总是要求自己做到最好。无论在哪些方面，他总是一丝不苟。他为自己设定的目标，就是为人类的幸福而努力学习。在中学里，恩格斯门门功课都是最优异的。不仅学习成绩优异，恩格斯还交到了许多朋友。对待老师，恩格斯从未觉得因为自己的优异表现就可以在老师那里得到什么特权；相反的，在老师面前，他永远是礼貌有加、不卑不亢的。无论是老师、同学，或是学校的校工，每当提起他时，总是会露出赞叹的表情，连连夸赞他。学校里面很多人都以结交恩格斯为荣，因为他们认为和这样一个有礼有度、谦虚礼让，又关爱同学、真心实意对待朋友的人结交，是一件非常幸运的事情，是一件非常让人羡慕的事情。

　　恩格斯的表达能力十分出众。在初中的时候，恩格斯就表现出他非凡的创作能力。在他萌发了自己写一本小说的念头的1年之后，开始动笔。一开始，他罗列了一些主要人物的关系大纲，接着就是把想到的一些有意思的桥段记录下来，列在自己的草稿本上，然后就开始了他的创作之路。他开始在闲暇的时光里写他的小说。一开始的时候，创作之路并不是十分顺利，他总是遇到形形色色的问题。每当感到十分艰难几乎再也写不下去的时候，他总是会想起父亲的谆谆教诲，总是会想起外祖父慈祥的面孔。恩格斯总是给自己加油鼓劲，他会告诉自己千万不要放弃，千万不要气馁，一定要坚持下去，就算再艰难，就算再困苦，都要坚持自己的梦想，按照自己选择的道路不断前进，不断昂首挺胸大步迈进。或许这就是伟人与普通人之间的区别吧。每当我们想要放弃的时候，每当我们坚持不下去的时候，就想一想这些伟人的少年经历，这样，也可以给我们前进的动力。当我们抛弃梦想的时候，恩格斯在坚持自己的理想；当我们放弃目标的时候，恩格斯在不懈努力地向目标一步一步前进。后来，小说果真完成了。书里的内容精彩绝伦，常常让人捧腹，也有的情节让人不由得蹙起了眉头，有的情节让人不禁伤感落泪。凡是看过这本小说的同学或者老师无不对他夸赞不停，他们认为这绝对是一本精妙的小说，书中的人物惟妙惟肖，虽是描写中学的生活，却让不同年龄段的人可以看出不同的感受。他们一致认为，如果这本小说出版的话，一定会在少年文学界引起巨大的轰动。可是恩格斯并没有将自己的书稿寄去出版社，而是自己永远保存着，因为他认为这部小说是他写的第一部小说，语句用词也不是很精练，不是很考究。可能是追求卓越的恩格斯的自谦吧。他一向是追求完美、不达目的誓不罢休的心态，所以他的第一本小说只是自己写出来首次尝试而已，或许他一开始便没有抱着要公布此书的念头。成功完成自己首部作品的恩格斯，与往常一样，每日和同学一起用功读书，欢声笑语，一起上学放学，一起在回家的路上探讨还未解决的难题。对这样的中学生活，恩格斯满意得不能再满意了。

2. 生活转折点

可是命运就是会这样捉弄人。恩格斯本想在中学里多汲取知识，多听老师讲解，来慢慢地充实自己，慢慢地提高自己，可是事与愿违。不久之后，恩格斯的父亲就为恩格斯悄悄地办理了退学。不管恩格斯怎样表明他有多留恋学校的生活，有多不愿意那么早就踏入社会的大门，父亲还是丝毫不为所动。他坚定地一心一意地要将恩格斯送到自己的工厂里，不让他再继续念书了。这一次，父亲表现得尤为独断专横。当年，恩格斯的父亲与伯伯决裂，也就顺势退出了他们曾经一起经营的工厂，转而自己另外投资，另做产业。仅仅花了一段时间就完成了企业的转型，东山再起，做强做大了。再度成为企业强者的恩格斯的父亲，仅仅用了半年的时间就把原来的那个工厂击垮了。从这里就可以看出恩格斯父亲的行事作风果断了。

最后，恩格斯还是向自己的父亲妥协了。他本就不愿意忤逆自己心目中的偶像，心目中的大英雄，而且他觉得父亲的做法一定有他的道理，一定是为他考虑很久的。可是，这些并不是恩格斯最终妥协的原因。他最终妥协是因为有一次，他看到父亲似乎一夜之间白了很多头发。他不禁疑惑，到底是什么让父亲如此操劳呢？思考了很久的恩格斯终于恍然大悟，原来是因为担心自己。因为自己的忤逆，竟然让自己的父亲一夜白头，这给了恩格斯心理上很大的震撼。最后恩格斯放弃了自己的梦想和原本的目标，1837年9月他辍学跟随父亲到工厂开始正式上班。一开始来到父亲工厂的恩格斯虽然感到有些别扭，但他还是强迫着自己去适应这个环境。

虽然脱离了校园生活，不再是青涩的少年模样，恩格斯还是没有放弃他爱读书的习惯。他开始发展自己的各种兴趣，继续追求着各种爱好。他开始学习游泳。他会在夕阳西下的时候，拿着手绘本到河边，坐在台阶上，在晚霞的沐浴下，按照自己的想法绘上自己想要的图画。他会在闲来无事的时候跟随渔民们出海打鱼，感受巨浪滔天的恐惧，感受风平浪静的舒爽，感受满载而归的喜悦，也感受无功而返的失落，尤其感受了接连打不到鱼、为全家老小的衣食住行愁白了头的渔民们的悲哀。他在经历过这些以后，将名利、困苦看得更加通透了。在巨浪滚滚，随时有可能掀翻船只并且淹没它的危险面前，过去的小苦难又算得了什么呢，在伤心欲绝的渔民们面前，自己经历的那些纠结又算什么呢，什么都不是。在这之后的恩格斯更多地想到人民的疾苦，思考着能为解除他们的苦难做点什么。慢慢地，他以消除贫富差距作为目标，以人民群众生活的幸福美满为己任，开始了他不一样的人生探索、奋斗之旅。

1838年恩格斯到不来梅一家商行当办事员。当时德国正面临民族统一和民主革命的任务，恩格斯被民主主义的政治思想吸引，同青年德意志运动发生联系。1839年春，在该派机关刊物《德意志电讯》发表《乌培河谷来信》，揭露封建专制制度和宗教虔诚主义的黑暗，倾注了对劳动人民的同情。

从1841年9月至1842年10月，恩格斯在柏林炮兵部队服兵役，旁听柏林大学的哲学讲座，参加青年黑格尔派的活动。在此期间，他先后发表了《谢林论黑格尔》《谢林和启示》以及《谢林——基督教的哲学家》等册子，尖锐批判了宣扬"天启哲学"的唯心主义哲学家谢林，他还著文揭露以德皇威廉四世为代表的德国封建专制制度，成为一个坚定的革命民主主义者。

在19世纪40—50年代的欧洲，资本主义正处于发展时期。恩格斯出身于上流社会家庭，曾经他所体验到的是优裕的生活、资本主义经济的繁荣和社会制度的美好。可是，当他接触到下层社会的劳苦大众后，看到的是，封建守旧势力顽固，资产阶级剥削本质虚伪，社会的贫富差距如此悬殊，阶级的矛盾和冲突如此尖锐。曾经恩格斯不明白的一切在他踏入社会后都明白了起来。他此前了解到的社会和现实的社会实际相去甚远，只是它的弊端善于隐藏，它的虚伪惯于欺骗。更可怕的是，社会的种种不公的现象，导致种种不安和焦虑的心态。看透了这种现实的恩格斯更急于改变这种现状，急于让人们过上不再受到剥削和压迫的生活。他还在探索着前方的路，可是，他感到了自己力量的弱小，光有他一个人的力量是不够的。

3.为理想并肩奋斗

在迷惘和困惑中，恩格斯遇到了一个志同道合的人——马克思。1844年2月，恩格斯在马克思主编的《德法年鉴》上发表《政治经济学批判大纲》。他在文中初步揭示了资本主义私有制的绝对不可调和的内在矛盾，由此恩格斯得到马克思的欣赏和注意。这年8月底，恩格斯在回国途中绕道巴黎会见了马克思，他与马克思一见如故，成为知心朋友。以后他们经常在一起讨论各种问题，讨论他们的理想和抱负，讨论他们共同构想的蓝图，开始了二人的终身合作。从这年9月至1845年3月，他在巴门写作《英国工人阶级状况》，描述了无产阶级的悲惨处境和历史使命，表明恩格斯已经完成从民主主义者向共产主义者的转变。

1845年恩格斯与马克思合写《神圣家族》，同年11月到次年5月又合写《德意志意识形态》。1846年春，恩格斯和马克思在布鲁塞尔创建共产主义通讯委员会。同年秋天，赴巴黎开展活动，争取和教育正义者同盟的成员，使之摆脱所谓的"真正的社会主义"的影响。

1847年1月，恩格斯和马克思一起加入正义者同盟。同年6月，和马克思商议后，他出席了在伦敦举行的共产主义者同盟第一次代表大会，以科学社会主义为指导创立了第一个无产阶级革命政党。同年10月，被选入同盟巴黎区部委员会，并受委托起草同盟的纲领草案（即《共产主义原理》），用问答的体裁初步阐明了科学共产主义的基本原理。11月，与马克思一起出席同盟第二次代表大会，并任大会秘书。大会接受了马克思和恩格斯的主张，制定了符合民主制原则的章程，并委托他们起草同盟的纲领。

1848年2月中旬，在《共产主义原理》基础上，马克思和恩格斯起草的《共产党宣言》在伦敦出版。

2—3月间，欧洲资产阶级革命相继在巴黎、柏林、维也纳等城市爆发；3月，恩格斯当选为共产主义者同盟中央委员会委员，在巴黎与马克思共同拟定了《共产党在德国的要求》。4月，他们到达德国科隆。恩格斯担任《新莱茵报》编辑，协助马克思主持该报编辑部工作。他还曾去巴门和莱茵省的其他城市活动。1848年秋至1849年初，为了躲避官方的追捕，恩格斯流亡到比利时和瑞士，在瑞士协助组织工人协会。

1849年5月，恩格斯在爱北斐特参加武装起义。6月，在巴登—普法尔茨任维利希志愿军团副官，亲临前线参加战斗。起义失败后流亡到瑞士。11月抵伦敦，当选为同盟中央委员会委员，负责改组同盟工作。

1850年3月和6月，恩格斯先后两次与马克思合作起草《中央委员会告共产主义者同盟书》。为了支援陷于极端贫困的马克思一家，恩格斯不得不于该年迁居曼彻斯特，在"欧门—恩格斯公司"再度经商。在曼彻斯特居住期间，恩格斯同马克思保持了频繁的通信联系，共同研讨国际工人运动的理论和策略，探讨各个领域里的学术问题，并互相交换意见，用导师的话说就是一个人写的东西另一个人也一定读过并完全赞同。恩格斯进行了广泛的理论研究，尤其对军事学、语言学和自然辩证法作了深入的探讨。

从1851年11月至1852年11月，恩格斯为《纽约每日论坛报》撰写了一组题为《德国的革命与反革命》的文章,深刻总结了1848—1849年德国革命的经验,提出了武装起义是一种艺术的著名论断。

1857—1859年,恩格斯为《美国新百科全书》撰写了许多军事条目。1861—1865年,他撰写了关于美国内战的许多文章。1864年,第一国际成立后,恩格斯同马克思一起参加了国际的领导工作,跟蒲鲁东派、巴枯宁派、工联派、拉萨尔派进行了路线的斗争,为马克思主义在国际工人运动中的主导地位奠定了基础。1867年《资本论》第一卷出版后,他为工人报刊和利用资产阶级报刊撰写了许多篇战争评论,准确地分析和预见了战争的进程与结果。

1869年7月,恩格斯终于从商人生涯中摆脱。1870年10月,他移居伦敦,与马克思再度相聚。1870年9月,恩格斯结束了20年"埃及幽囚式"的经商生活,从曼彻斯特迁居伦敦,与马克思一起参加国际工人协会的领导工作。10月,经马克思提议,他当选为国际总委员会委员,任比利时、意大利、西班牙、葡萄牙和丹麦的通讯书记和总委员会财务委员。

1871年3月巴黎公社建立后,恩格斯和马克思一起组织声援公社的活动,在演说和信件中高度评价巴黎工人的革命首创精神和英雄气概,阐明公社的历史意义。他们鼓励无产阶级勇敢起来,不受欺压,勇敢地反抗剥削所带来的痛苦，去争取自己的一丝生机，去追求自己的自由。在得到马克思和恩格斯的理论指导后，巴黎公社内的成员向剥削者发起强烈的进攻。起初他们大获全胜，在接连胜利的喜悦中，他们有些得意忘形。没过几天，正规的军队就浩浩荡荡地抵达了。巴黎公社的一些社员惨遭横死，一时之间，血流成河，历史上称这一天为"黑色星期五"。也就是说，在这一天，巴黎公社彻底失败了。在巴黎公社失败后，马克思和恩格斯极力寻找失败的原因，以作为下一次的警戒。在1871年9月举行的国际伦敦代表会议上，恩格斯根据巴黎公社的经验，提出工人阶级必须参加阶级斗争并建立同一切旧政党相对立的无产阶级独立政党。

1872年9月国际海牙大会期间，恩格斯与马克思一起为击败巴枯宁阴谋集团、通过关于政治问题和组织问题的决议作出了重要贡献。根据恩格斯的提议，国际总委员会迁至纽约。海牙大会后，他写了《论权威》《社会主义民主同盟与国际工人协会》（与马克思合写）等论著，从政治上、理论上和组织上全面揭露和批判了巴枯宁集团的无政府主义和分裂主义，深刻阐述了民主与集中、民主与专政的辩证关系。国际工人协会解散以后，恩格斯与马克思一起为在各国传播科学社会主义理论、建立和发展社会主义政党而努力斗争。

1875年3月，他在给倍倍尔的信中阐明了他对德国工人运动中两派合并的原则立场，批评了党内某些领导人追求无原则合并的错误。

1876—1878年，他写了一组题为《欧根·杜林先生在科学中实行的变革》（即《反杜林论》）的文章，在批判杜林的唯心主义先验论和小资产阶级社会主义时，第一次系统地阐发了马克思主义的三个主要组成部分——哲学、政治经济学和科学社会主义理论，以及许多自然科学的基础理论，这是一部深刻透彻的科学百科全书。

1880年夏，应法国工人党领导人拉法格的要求，恩格斯把《反杜林论》中的某些章节改编为《空想社会主义和科学社会主义》（即《社会主义从空想到科学的发展》）。这本被马克思称为"科学社会主义入门"的小册子，对普及马克思主义基本理论起了重要作用。1873—1883年间，恩格斯拟定了《自然辩证法》的写作提纲，完成了若干篇章和片段，奠定了自然辩证法的研究基础。

马克思因为受到英国资本主义的恶意压迫，所以他们一家经常是吃了上顿没下顿，把衣服典当了去换粮食的窘境经常出现。马克思一家早已习惯了这种生活。苦于生存环境的糟糕，马克思相继失去3个孩子，甚至最小的儿子因为严重的饥饿而离开了人世。这一度让马克思伤心欲绝。后来，在恩格斯的帮助下，马克思一家脱离了经常挨饿的生活窘境。但是当时的恩格斯也仅仅是每月领薪水的工薪族,他也不富足。即使这样,他还是经常省出钱寄给马克思。在这以后,长达数年的时间里,都是恩格斯给马克思寄钱供他一家人的开销,直到马克思逝世。有一次,马克思在写给恩格斯的信中说道,他已不能出门,因为衣服已经被拿去典当店典当了,他的妻子和女儿也染上了疾病,完全不能自己独立下床行走。得知此事的恩格斯此后便给他更多接济,甚至会省吃俭用来帮助马克思的一家。恩格斯十分重视他们的友谊。当马克思家中揭不开锅的时候,恩格斯会为马克思代班写一些稿子发给出版社,大大小小的稿件投递了无数次。

后来他们开始一起写书。他们一起发表的第一部著作《神圣家族》大获全胜。《神圣家族》渐渐地将社会各界读者的眼光吸引了过来。在恩格斯的持续帮助下,马克思相继完成《资本论》的第一卷、第二卷。如果失去了恩格斯这个重要的伙伴,马克思不仅生活上不能得到保障,而且精神上将备受折磨。他将永远在与饥饿、疾病的斗争中挣扎,一直忍受强烈的痛楚,这个世界也许很难看到他那放射着真理光辉的许多著作,永远都听不到他的内心发出的那些时代强音。在马克思无法写作的时候,恩格斯就帮马克思写;当马克思生活艰辛的时候,恩格斯就陪着他一块儿过清贫的生活。恩格斯可谓是马克思思想上的追随者，精神上的鼓励者，还是物质上的提供者。恩格斯是马克思的坚强后盾。一遇到事情，马克思就会搬出恩格斯这个救兵来为他解决疑难。后来他们俩又接连完成了好几本巨著。他们互相鼓励着，互相宽慰着，互相把真心话都说出来，互相都对向往的蓝图怀抱着无限的希望。

恩格斯给予马克思很多物质上和精神上的支撑，马克思也给了恩格斯前进动力，他们互相安慰，互相扶持，相互依靠地一起走过许多个年头。在马克思最后的岁月中，恩格斯甚至亲自去照顾他，亲自给他精神上的慰藉，以期让他的病情能有所好转。可惜的是，马克思的身体状况未能如恩格斯所愿那样渐渐好转起来，而是继续恶化下去。这让恩格斯感到十分伤心。他的这个心灵上的陪伴者、革命道路上一起扶持的战友，将要永远地离开他了。他感到十分不安和惶恐。于是他照顾马克思更加卖力了，甚至是一勺一勺喂马克思吃饭，即使有时汤水撒了自己一身，他也不嫌麻烦，而是简单地擦擦，又继续喂马克思。马克思最后的时光，完全是在恩格斯的陪伴下度过的。他们从相识的那一天开始，就决定了要互相依靠，并肩作战。可是马克思的一生太苦了，太累了，他需要休息了。1883年，科学社会主义的开创者和奠基者马克思，永远地离开了这个世界。

在马克思去世后的那段时间，恩格斯整理好自己的情绪，便继续投身于无产阶级斗争中了。

晚年的恩格斯依旧十分忙碌。马克思逝世后，恩格斯独自肩负起指导国际工人运动，整理和出版（或再版）马克思遗著，捍卫和发展马克思主义理论，培养各国年轻的社会主义活动家和理论家的重任。

恩格斯在晚年承担了整理、出版马克思未完成的《资本论》第二、三卷手稿的巨大工作。1885年7月，《资本论》第二卷出版。

1887年1月，恩格斯出版了《资本论》第一卷英文版。他还再版了马克思的其他著作以及共产主义者同盟的著名活动家威廉·沃尔弗、格奥尔格·维尔特等人的作品，并筹备出版马克思全集。

4. 抓住最后的时光

马克思逝世后的多年里，恩格斯先是完成了马克思未完成的著作，然后又在社会主义的道路上巩固、夯实他们的理论，最后才放心地去治疗他的疾病。

1888年，恩格斯写了《路德维希·费尔巴哈和德国古典哲学的终结》，揭示了马克思主义同黑格尔和费尔巴哈哲学的关系，阐释了辩证唯物主义和历史唯物主义的基本原理。

1889年7月,在恩格斯的指导和推动下,国际社会主义工人代表大会(即第二国际)在巴黎召开。在他的关怀和指导下,第二国际联合各国工人政党,开展了反对无政府主义和修正主义倾向的斗争。

1893年8月,恩格斯在欧洲大陆旅行期间出席了正在苏黎世召开的第二国际的第三次代表大会。这是恩格斯唯一一次参加第二国际的代表大会。他在大会闭幕词中表示希望各国无产阶级在反对共同的敌人、争取解放的斗争中加强团结、互相学习,遵守共同的革命原则,同时各国无产阶级应该以独立自主的形式组织起来,坚持自由联合和自愿联系的原则。他在其他文章和信件中,强调各国社会主义政党之间建立独立、自主和平等的关系,由各国党和无产阶级因地制宜地决定本国的革命策略,反对任何一个党代表欧洲无产阶级讲话,不承认哪个党享有领导国际共产主义运动的"长子权",反对任何一个党的领导人对其他国家的社会主义者发号施令。1894年他针对德国社会民主党和法国工人党在农民问题上的立场,写了《法德农民问题》,批评他们迁就农民小私有倾向的路线。1894年12月,《资本论》第三卷出版。

恩格斯晚年住在英国伦敦西北区瑞琴特公园路122号的一幢单元式三层楼里。这座掩映在绿树丛中的宅院，在马克思去世后成了各国革命者之家、全世界社会主义者的圣地。恩格斯在家中热情地接待英国工人运动领导人、爱尔兰贫困工人、法国逃荒农民以及流亡大学生，让他们在这里休养、"避难"。同时，他对来访的民主派以及保守派人士也以诚相待。德国保守党人、经济学家鲁道夫·迈耶尔就常常与恩格斯在家里一醉方休。

为推动世界工人运动发展，晚年的恩格斯足迹遍及欧洲，但他还希望到美洲考察一番。1888年8月8日，恩格斯和老友、化学家肖莱马，马克思的女儿爱琳娜及其丈夫艾威林乘坐"柏林"号轮船从英国利物浦港出发，开始横渡大西洋的美国之行。8月17日，恩格斯一行到达纽约，这是他第一次踏上美国土地。恩格斯会见了美国工人运动领袖，游览了纽约、波士顿，观赏了世界著名的尼亚加拉大瀑布。在康克德，他参观了监狱，看到犯人们有自己的俱乐部，可以读书看报，每天可以吃到鱼肉和面包，衣着也和普通工人没有两样，他对此十分赞赏，并说："欧洲人没有勇气这样做。"这次美国之旅历时50多天，给恩格斯留下了深刻印象。回到伦敦，他给朋友写信说："我对美国很感兴趣，这个国家的历史并不比商品生产的历史更悠久，它是资本主义生产的乐土，应该亲眼去看一看。"

1890年11月28日是恩格斯70岁生日，来自世界各地的党组织和朋友纷纷表示要为他祝寿。但恩格斯婉言谢绝了这份盛情,他认为所有的荣誉都应该归功于马克思,自己承受不起太多的赞誉。后来,在德国社会民主党人倍倍尔等人的一再要求下,恩格斯勉强同意在家中搞一个私人宴会。

过了74岁生日后,恩格斯的身体每况愈下。下一年,他病倒了,颈部右侧出现了一个肿块,医生诊断为食道癌晚期。在遗嘱中,他将马克思的全部著作手稿和信件移交给马克思的法定继承人——爱琳娜·马克思,自己和马克思的全部藏书赠给德国社会民主党领导人倍倍尔和辛格尔。他还有大约3万英镑的财产,42%给了马克思的女儿劳拉和爱琳娜,33%给了马克思长女小燕妮的孩子们,25%连同家具赠给了他的秘书路易莎。其余财产一部分给了德国社民党作活动经费,一部分给了妻子的侄女玛丽·艾伦·罗舍。在遗嘱中,恩格斯还说:"我希望将我的遗体火化,而我的骨灰,一有可能就把它沉入海中。"

1895年8月5日,恩格斯因患晚期食道癌在位于泰晤士河边的寓所内逝世。8月10日,在威斯敏斯特桥的滑铁卢车站大厅,人们为恩格斯举行追悼会。8月27日,遵照他的遗嘱,在恩格斯生前最喜欢的英国伊斯特勃恩海边,一艘小船划向大海深处,船上坐着爱琳娜、艾威林、恩格斯的战友列斯纳和弟子伯恩斯坦4

人,他们背诵着但丁的诗句,捧起黑色的骨灰罐,轻轻地将它沉入大海,他的骨灰被撒在伊斯特勃恩海湾中。

尽管没有墓地供人瞻仰,世界人民还是在各地建立了展览馆、纪念碑纪念恩格斯。1918年11月7日,苏联在庆祝"十月革命"一周年之际,在莫斯科革命广场建立了马克思、恩格斯纪念碑。德国柏林也修建了马克思—恩格斯广场,广场上竖立着两人的雕像;在比利时布鲁塞尔,马克思、恩格斯共同居住过的"天鹅之家"被辟为纪念地。

在恩格斯的家乡德国鲁尔区伍珀塔尔市,他的故居得到了精心的保护和维修,这是一幢独立的巴洛克式四层小楼,里面除了恩格斯生平事迹展览,还有一套中文版的《马克思恩格斯全集》。家乡人民十分敬重恩格斯,把他称为"伍珀塔尔市著名的儿子"。他的故居被政府列为德国中小学生的教育基地,故居旁的大街也改名为"弗里德里希·恩格斯大街"。世界各地的人们慕名而来,常年络绎不绝,他们怀着崇敬的心情,了解恩格斯光辉的一生。

汗水与仁爱浇灌出的天才——爱因斯坦

阿尔伯特·爱因斯坦（Einstein Albert，1879—1955），出生于德国符腾堡王国乌尔姆镇，美籍犹太裔物理学家。1900年毕业于苏黎世联邦理工学院。1905年创立狭义相对论；1915年创立广义相对论。爱因斯坦提出光子假设，成功解释了光电效应，因此获得1921年诺贝尔物理奖。爱因斯坦为核能开发奠定了理论基础，开创了现代科学技术新纪元，被公认为是继伽利略、牛顿以来最伟大的物理学家。1999年12月26日，爱因斯坦被美国《时代周刊》评选为"世纪伟人"。

提到爱因斯坦这个名字，我们常常想到的是这样一幅情景：蓬头垢面的银

阿尔伯特·爱因斯坦

发老人，坐在桌前，时而不语，抬头沉思，时而若有所思般地低头记录，完全顾不上一旁已经凉透了的饭菜。这就是这位大思想家的一天。他的一生开拓了无数空前绝后的创举，破解了无数人类科学史上的难题，他的论断在后世被证实，他的发明被广泛应用。有人说他的智商远高于常人，他却说：人们把我的成功归功于我的天才，事实上只不过是我更加勤奋罢了。他曾经说过如果让他从天才和勤奋中做出选择，他一定会毫不犹豫地选择后者。

1. 初见端倪的少年天才

1879年3月14日，阿尔伯特·爱因斯坦来到了这个世上。在德国南部当年的一个小镇乌尔姆（如今成为一个城市），希尔曼夫妇迎来了他们的第一个爱情结晶。爱因斯坦出生在柳条抽新、鲜花盛开的春季，他看到这个世界的第一眼时感受到的是温暖和煦、明媚多彩，一派生机勃勃的景象。希尔曼夫妇也为他的到来而兴奋不已。他的父母仔细地观察这个可爱的宝贝，他睁着亮晶晶的大眼睛，仿佛对这个世界充满了好奇和疑问，可爱的小鼻子，小巧的嘴巴，还有宽大的额头微微向前突出，好像是比一般的婴儿大了不少。夫妇俩满意地看着自己的孩子，他们希望这个孩子从此可以健康快乐，一生无忧。他们怎么也没有想到的是，这个孩子会成为一个震惊世界的大科学家，一座科学史上永远载入史册的丰碑，一个人类进步的里程碑式的伟人。夫妇俩此刻只觉得无比幸福，他们不仅深爱着对方，现在又迎来了他们的孩子，这个家庭注定完美而幸福。

爱因斯坦的父亲希尔曼是乌尔姆当地一个小工厂的厂长，所以爱因斯坦的生活虽不是锦衣玉食，但至少也是衣食无忧，在这样安逸快乐的生活中，小爱因斯坦便对各事各物产生了浓厚的兴趣，小脑袋也在不停地思考。

小时候的爱因斯坦异常顽皮。这个时候他的身体同他的思想一样活跃。小爱因斯坦思考的问题一向很多，他总是追在爸爸妈妈身后问着各种奇奇怪怪的问题，而爸爸妈妈每次都会耐心地跟小爱因斯坦解释，表达他们的观点。这也对小爱因斯坦的成长起到了积极的推动作用。小爱因斯坦经常会发现一些很有趣的现象，每当这个时候，他总会先把他的发现记录下来，然后兴奋地跑去告诉爸爸妈妈他的成果。小爱因斯坦总是不停地思考，对他眼前的所有事物抱有强烈的好奇心，产生各种各样的奇思妙想。这一切，都得到了父母的支持。也是因为希尔曼夫妇的开明，小爱因斯坦才得以在自己的世界里徜徉，在思想的海洋中遨游。

在工厂破产后，他们举家迁到了慕尼黑。这是一个在德国举足轻重的城市，慕尼黑的经济总量占据着德国经济总量不小的一部分。自然地，这个城市的经济和城市建设比乌尔姆要先进得多。这个德国南部数一数二的大城市也是让爱因斯坦印象最深刻的地方。这个城市和它的名字一样动人，不仅工业发达，而且风景也毫不逊色，还有浓厚的文化氛围。所有的这一切，都对小爱因斯坦的成长提供了丰富的养料。在这座城市，爱因斯坦度过了他的童年欢乐时光。在亲戚的帮助下，希尔曼夫妇的工厂也渐渐地重新开办起来。虽然不是大富大贵，但是也能基本满足全家的温饱。爱因斯坦全家虽说是犹太人，但是他们在德国度过了漫长的岁月，对德国的感情早已根深蒂固。而在爱因斯坦的认知里，他早已是一个不折不扣的德国人。因为自打一睁眼，他看到的一切都是原汁原味的德国人的生活面貌。

在爱因斯坦四五岁的时候，有一次他看到父亲希尔曼在调试自己的指南针。看到新奇事物的小爱因斯坦顿时两眼放出了光芒，他急忙跑到父亲身边："爸爸，这是什么呀？""这是指南针，是一个可以辨别方向、很实用的东西。无论你在什么环境下迷了路，都可以使用它来辨别方向，寻找出路。""真的这么神奇吗，爸爸？那为什么这根针一直指向南方呢？""是因为这根针上有磁性，你看，无论我怎样转动这个指南针，这根针都永远指向南方。"听完爸爸的话后，小爱因斯坦的心里泛起了波澜。他对这个指南针产生了很大的兴趣，这或许就是开启爱因斯坦科学头脑的第一把钥匙吧。经过这件事后，小爱因斯坦便对指南针进行了长时间的观察和研究。通过研究，他初步了解了指南针的特性。这件小事，让爱因斯坦了解到，未知的事物是无穷无尽的，他所不清楚、不知晓的问题还有很多。这对爱因斯坦以后的研究道路产生了不小的影响，也为爱因斯坦养成严谨和认真的性格做了铺垫。他在日后提到，就是爸爸手中的这个指南针，给了他人生无限的可能。

在爱因斯坦5岁的时候，希尔曼夫妇把小爱因斯坦送进了当地的一家天主教小学。从小就爱自己独立思考、自说自话的爱因斯坦在众人面前显得稍微有些拘谨。刚踏进小学的校门时，小爱因斯坦紧紧地抓住爸爸的衣角。他这还是头一次在那么多人面前露面。看到那么多和他同龄的孩子都兴高采烈地拉着爸爸妈妈四处游览校园的时候，小爱因斯坦渐渐地不再紧张，慢慢地放开了爸爸的衣服。他好奇地看着校园里的每一处风景，每一张他从未见过的面孔。他开始对这个全新的环境产生了好奇心。希尔曼夫妇还特意给小爱因斯坦找了一个音乐老师。初见音乐老师的时候，小爱因斯坦还是有些紧张，在音乐老师面前连头都不好意思抬起来。音乐老师在看到小爱因斯坦的模样后，便温柔地询问小爱因斯坦各种无关紧要的问题,小爱因斯坦渐渐地放松了下来。老师耐心地教导他。当老师问他可否唱一首歌曲的时候,小爱因斯坦重重地点了一下头,像是给了老师极为肯定的答复。在老师的鼓励下,小爱因斯坦终于勇敢地张开了嘴,唱起那首家喻户晓的《摇篮曲》。这时的小爱因斯坦忘记了刚开始时的怯懦,忘记了在生人面前的紧张,只是沉浸在歌声中,沉浸在自己的世界里。这歌声就像缓缓流动的溪流,又像是春日的微风拂面,让人感觉仿佛置身于一片绿油油的草地上,感受着春日暖阳,时而飘过一阵清风,使人舒爽万分。听爱因斯坦演唱完整首歌曲后,老师兴奋地对希尔曼说,爱因斯坦在音乐方面是很有天赋的,倘若悉心教导,以后一定会大有作为。希尔曼晚上回到家后兴奋地和夫人说起这件事,夫妇俩都为自己的儿子感到无比自豪。小爱因斯坦在老师的开导下,渐渐地不再怕生,慢慢地学会接受别人,学会与小朋友们和平相处,愉快玩耍。

　　虽然音乐老师很看重小爱因斯坦,觉得他的音乐天分很高,着意培养他这方面的才华,但爱因斯坦似乎对音乐没有特别大的兴趣。相比音乐,他或许更喜欢数学和科学。每当上数学课时,小爱因斯坦总是最认真听讲的那一个。每当老师问了什么问题,他总是快速地思考,然后给出正确的答案。这让老师们都感到很惊奇,他们觉得爱因斯坦一定比其他的孩子都聪明。但是爱因斯坦只对数学感兴趣,其他课程却怎么都没法引起小爱因斯坦的兴趣。为此,他还经常受到其他老师的批评。这件事情传到了希尔曼的耳朵里,他百思不得其解,因为他本人就是个文学爱好者,也在爱因斯坦的面前读过很多首美妙动人的诗歌,可是为什么爱因斯坦却对这个完全不感兴趣呢?他拉过小爱因斯坦的手,将他带到自己的面前,语重心长地对小爱因斯坦解释为什么要全面发展,为什么要各项科目均衡发展。听完爸爸的耐心劝导,小爱因斯坦若有所思地点点头。果然,没过多长时间,爱因斯坦在其他学科的表现也渐渐令那些科目老师感到满意。小爱因斯坦天才的一面似乎初见端倪。

2. 寻找开放、自由的空间

有一次历史老师讲到耶稣受难的那个片段,因为这个老师是虔诚的教徒,所以激愤地向学生大声控诉他对犹太人的不满,这仅仅是因为那个叛徒是犹太人而已。老师不负责任的言辞对那些没有辨别力的小学生来说,却是完全可信,确凿无疑的。还在听讲的爱因斯坦顿时就感觉有几十双眼睛霎时间盯在了他的身上。那些眼神,像是控诉,又像是嘲弄,这让爱因斯坦感到非常不舒服。从此，犹太人的身份让他在学校中更加不受欢迎，甚至可以说是不受待见。这件事在小爱因斯坦心里留下了巨大的阴影。他从前丝毫没有觉得犹太人的身份有什么不便之处，在他的心里，犹太人就同德国人一样只不过是叫法上的区别，更何况，他一直都把自己当作土生土长的德国人。直到今天，他才真正感受到了作为犹太人所受的屈辱。他第一次体会到时代带给他的不公。此后，历史老师毫不掩饰的鄙夷神情和同学们的一道道轻蔑的目光就常常出现在爱因斯坦的脑海中，时时困扰着他。当他同父亲说起这件事时，父亲只是耐心聆听，继而沉默不语。因为父亲对这种事情早已司空见惯了。这不是他们一家的遭遇，而是全部犹太人的遭遇，是无数无辜的人现在所经受的。

1888年，爱因斯坦进入路易波尔德高级中学学习。在学校接受宗教教育和受戒仪式。1889年，他在医科大学生塔尔梅引导下，读通俗科学读物和哲学著作。他热心于学习各种文化知识。1891年，他自学欧几里得几何。1892年，他开始读康德的著作。在中学里的爱因斯坦相较小学时对数学课程更加精通，凡是老师讲的他都可以很快地消化，甚至有的时候，老师还没讲到的内容，他都早已自学了。他在数学方面的天分使他在整个学校都出了名。

不久之后，希尔曼夫妇又要搬家了。这次，他们要搬去意大利。据说是因为希尔曼的工厂在德国不景气，甚至到了破产的境地。但是他们唯独没有带走爱因斯坦，他们要求爱因斯坦在慕尼黑完成学业后再前往意大利与父母团聚。希尔曼夫妇一致认为，爱因斯坦已经具有独自一人生活的能力了。爱因斯坦的家人让爱因斯坦留下，其他人都移居意大利。

可是事情并没有按照他们希望的方向发展，甚至脱离了原有的轨道。因为爱因斯坦曾经因耿直的性格得罪过某些老师，并且他在有些时候表现得我行我素，所以那些记仇的老师便寻机揪住他的错误不放，直到学校将爱因斯坦开除。当爱因斯坦听到他被开除的消息时，表现得十分震惊。因为他从未听说过有哪所学校会因为一点小事就将学生开除，万般无奈之下，1894年，爱因斯坦也坐上了前往意大利的车。

来到意大利的爱因斯坦，感受到的是与德国完全不一样的氛围。在这里，他完全感受不到在德国的那种压迫感，感受不到军队所带来的威压。在德国的时候，他所看到的情景就是时常会有整齐肃穆的军队从家门口走过，他们有着响亮的口号和同样令人生畏的面孔，甚至同样疯狂地想要摧毁一切的眼神。在意大利则不然。意大利自由、开放的氛围让爱因斯坦打心底里爱上了这个地方。相比以前的生活环境，爱因斯坦后悔为什么没有早一点跟随父母亲来到这里。

意大利自由的氛围似乎完全符合爱因斯坦的一切幻想。开放，自由，充满热情又舒爽宜人。爱因斯坦满意地生活在这片全新的土地上，他感到从未有过的满足与快乐。

1895年，爱因斯坦开始思考当一个人以光速运动时会看到什么现象，对经典理论的内在矛盾产生困惑。1896年，他获得阿劳州立中学毕业证书。10月29日，爱因斯坦迁居苏黎世并在联邦理工学院就读。

在苏黎世联邦理工学院，爱因斯坦不再受到无论是身体上还是思想上的控制。他那些天马行空的想法不会受到别人的嘲笑，我行我素的性格也不会受到同学们的集体攻击。爱因斯坦觉得这里的一切都很美好。这个学校的校长很欣赏爱因斯坦，他经常找到爱因斯坦，让他谈一谈对数学问题的新见解，也会试图鼓励他在数学研究的道路上继续走下去。得到校长支持的爱因斯坦感受到了除了家人外的、他很久都没有感受到的温暖。渐渐地，爱因斯坦更加喜欢这个国家、喜欢这个大学了。在这里，他感受到了自由；在这里，他感受到了发自内心的快乐；在这里，他感受到了安定平和带给他的美好感受。他会在落满黄叶的校园里，踩着层层叠叠的树叶，伴随着脚底发出的沙沙声，思考他近期一直困惑的问题。他也会在清爽的秋日早晨，顶着微微寒意，慢慢地走向学校的图书馆，在那里寻找自己一直寻求的答案。他会在寒冷的冬日晚上，在同学们散尽的时候，依旧埋头苦算。他会在别人休息的时候，一遍又一遍地去找数学老师探讨他的新见解，让知识渊博的老师为他答疑解惑。

爱因斯坦在大学里面学习的是物理。在这方面，爱因斯坦研究得无比透彻，即使他某些学科的成绩并不是很理想，但是他终归还是拿到了毕业证书。

之后，爱因斯坦辗转来到了瑞士，他一时找不到合适的工作，又碍于不是瑞士人，很多长期的工作都不肯接受他。为此，爱因斯坦想到了一个好方法，即申请瑞士国籍。1901年3月21日，他取得了瑞士国籍。在这之后，他便找到了一份可以支撑他往后生活的工作——伯尔尼大学特级讲师。在这所学校里，爱因斯坦一边努力教书，一边进行他的数学和物理研究，在这一年5—7月完成了电势差的热力学理论的论文。这让爱因斯坦感到无比满足。这样既可以支撑他生活，又可以让他抽出时间做研究，对他来说简直是一份再合适不过的工作了。他心满意足地工作着，心无旁骛地研究着，甚至有的时候，为了研究自己的问题，他会忘记还有课要教授。这样的事情传到了学校领导的耳朵里，爱因斯坦便毫无疑问地失业了。后来他找到了一份家庭教师的工作，可是，还没等到他适应这份工作，爱因斯坦又被解雇了。看来他的工作生涯十分坎坷。

1902年6月16日，爱因斯坦被瑞士伯尔尼专利局聘用为专利局的专家。爱因斯坦在专利局这个岗位上一待就是5年。1903年，他与大学同学米列娃·玛丽克结婚。他们结婚前就已经有了第一个孩子。1904年9月，爱因斯坦由专利局的试用人员转为正式三级技术员。1907年升职为专利局一级技术员。1908年10月，兼任伯尔尼大学特级讲师。

爱因斯坦认真的态度得到了局长的赏识，也得到了同事们的尊敬。在这段时间里，他的研究突飞猛进，解决了不少他曾经无比困惑的问题，也推算出很多数学界从未出现过的公式。这些公式一旦被发表，必然会引起学界的轰然大波。也有人说，就是在这段时间，他留下了不少发人深省的名言。例如，曾经有个人问他为什么如此勤奋地工作，他便告诉那个人，勤奋是一切的催化剂。爱因斯坦说过他的成功是靠百分之九十九的汗水和百分之一的天分累积。没错，即使有比普通人高出很多的智商，如果不勤奋深造自己、刻苦提升自己，也全然没有用处，只会碌碌无为地过完自己的一生。如果不努力敦促自己勤于好学，那么再高的智商也是白白浪费。

3. 震惊世界的研究成就

在专利局的轻松职务,使爱因斯坦有大把的时间去搞自己的研究。这不,爱因斯坦又盯上了物理世界殿堂级的难题——"以太难题"。可是这个问题毕竟是困惑了无数物理学家的难题,甚至有人耗费了毕生的心血来研究这个难题,最终也是一头雾水,完全没有头绪。所以即使是一直被人称为天才的爱因斯坦在一开始的时候也是四处碰壁。不论他怎样冥思苦想,或者不停歇地运算,都没有得到他想得到的结果。眼看着案头的草稿越积越多,用坏的笔也越来越多,爱因斯坦还是没有如愿以偿。就像爱迪生发明电灯用了无数种材料一样,解决这个世纪难题,想必也要耗费一定的心血。爱因斯坦在变换了无数种解法后,还是没有找到那把开启难题大门的钥匙。这让他很是苦恼。在一个又一个寂静的深夜,爱因斯坦总是翻来覆去地睡不着。他一直在思考这个问题的解法,却始终不得其果。

一个又一个灵感乍现,又迅速消失得无影无踪,但爱因斯坦始终没有放弃。他坚信自己可以解决这个难题,即使以前从未有人给出明确的答案。命运总是不会太为难一个意志坚定的人。终于,在一个夜晚,在繁星点点的映衬下,爱因斯坦得到了他一直苦苦追寻的答案——世纪难题的解法。似拨云见日,又似幡然醒悟，爱因斯坦长舒了一口气。"亲爱的米列娃，你知道吗，我终于揭开了这道题！"爱因斯坦兴奋地向米列娃展示他的成果，脸上洋溢的是如同孩童得到了糖果般的笑容。"真的吗？这可是你一直以来的愿望啊，亲爱的，祝福你。"爱因斯坦望着妻子那动人的面孔和孩子熟睡时可爱的模样，心中泛起了层层的涟漪，这样的场面让他感到无比幸福。米列娃日夜操劳，家中大小事务无不是她在操持，她的皮肤不再细嫩，她的脸庞不再青春，岁月在她的脸上留下了痕迹。可是爱因斯坦看着妻子的脸庞，觉得她依旧动人无比，依旧美丽万分。她就像是一个美丽的天使，支持着爱因斯坦的各项决定，像是一个善良的田螺姑娘，照顾着他的饮食起居，让他可以心无旁骛地研究他的"大事"。米列娃全心全意地支持爱因斯坦继续他的研究，有她在，爱因斯坦完全可以放心地创作他的理论专著。

1905年3月，爱因斯坦发表量子论，提出光量子假说，解决了光电效应问题。4月向苏黎世大学提交论文《分子大小的新测定法》，取得博士学位。在解决了难题之后，爱因斯坦就把他这些年的研究整理合集，短期之内，他便完成了这部震惊世界的专著——《论动体的电动力学》，独立而完整地提出狭义相对性原理，开创物理学的新纪元。为了让更多人知道他的理论，爱因斯坦将他的专著寄给了《物理学年鉴》——这是一本极具权威性的杂志。之后，爱因斯坦接连在《物理学年鉴》发表了5篇论文，震惊物理学界。谁也没有想到，名不见经传的爱因斯坦，竟然可以得到这本杂志的如此肯定。经过这本杂志的大力宣传，爱因斯坦一时声名大噪。

日复一日，年复一年，爱因斯坦依旧沉浸在他的理论研究中。1909年10月，爱因斯坦离开伯尔尼专利局，任理论物理学副教授。1910年10月，完成关于临界乳光的论文。1911年，从瑞士迁居到布拉格。1912年，提出"光化当量"定律。1913年他重返德国，任柏林威廉皇帝物理研究所所长和柏林洪堡大学教授，并当选为普鲁士科学院院士。1914年4月，爱因斯坦接受德国科学界的邀请，迁居柏林。

可是光有理论不够，还要付诸实践，因为实践是检验真理的唯一标准。在爱因斯坦的认知里，原子和分子毫无疑问是存在的，可是他始终没有确切的证据证实它们的存在。在他的不懈努力下，终于推导出检验这一理论的实践方案。他发表声明，并且询问有没有人可以按照他的方法检验这个理论，实践毕竟不是他的专长。声明发表不久，就有许多人纷纷响应他的号召，做起实验来。率先证实这个论断的是一个法国的物理学家罗伯特·安德鲁·密立根（Robert Andrews Millikan），因为这个实验，这位物理学家后来还获得了诺贝尔奖。而后，爱因斯坦于1905年提出了量子力学假说，在物理学界引起了巨大的反响。但是，这仅仅是假说，没有被证实。物理学界也是半信半疑，直到10年后，才有学者证明他的光电效应是正确的。无疑，爱因斯坦思维的超前性无人可比，这不仅仅因为他是个天才，还因为他不停地研究与思考。他在物理学道路上永不停歇的脚步早已甩掉那些只知道质疑他、提出反对意见却没有真凭实据的聒噪之人。1915年，爱因斯坦又提出了广义相对论。1916年3月，完成总结性论文《广义相对论的基础》。5月，提出宇宙空间有限无界的假说。8月，完成《关于辐射的量子理论》，总结量子论的发展，提出受激辐射理论。以后他还陆续发表了不少论文，直到1952年发表《相对论和空间问题》，1954年完成了《非对称的相对论性理论》，不断充实和完善他的相对论理论。

爱因斯坦提出的相对论，打破了牛顿绝对时间的概念。爱因斯坦对牛顿理论的推翻，使得他在一开始受到了不少抨击。但是当大家理解了他的理论，发现他是正确的时，纷纷对这位资历尚浅的学者投去了赞叹的目光，心里也不由得佩服起他来。因为他是第一个敢公开质疑牛顿的人，也是第一个用理论推翻牛顿学说的人。牛顿被称为思想的巨人，他的地位自不必言说，人们对他的理论也深信不疑。可是，时移世易，在科学理论更为丰富的年代，或许他的某个理论也会被推翻，但是他的贡献却永远留在了世人的心中。

关于爱因斯坦有这样一个小故事。早些年的时候，爱因斯坦的学生看到老师每日都衣衫褴褛，好心地提醒他要注意自己的装束，可是爱因斯坦不以为然地说："又没有什么人认识我，我不需要穿得怎样得体。"可是当他出名以后他的学生再一次小心翼翼地提醒他时，他竟话锋一转说道："反正人家都认识我，干吗还要在意穿着呢？"可见，爱因斯坦的不修边幅确实是"由来已久"的。

爱因斯坦因为在科学研究中的巨大成就而声名鹊起。1921年，他因光电效应研究而获得诺贝尔物理学奖。1926年获得"皇家天文学家"的金质奖章。他还曾当选为普鲁士科学院院士，被聘为苏联科学院院士等。

4. 大学者的人文情怀

早在中学年代，爱因斯坦就对德国路易波尔德高级中学的军事化管理，产生了强烈的反感和抵触情绪。在开学典礼上，校长竟然公开地将自己形容成将军，将学生们形容成士兵，表现了他对战争的极度推崇。这个战争狂热分子居然还支持、鼓动学生去参军，去参与战争。爱因斯坦感到非常震惊。他希望德国可以一直安定，他希望世界上所有的地方都可以消灭动乱，都可以一派祥和。他的目光一向是长远且坚定的，所以日后的他到处宣扬和平的意义，提醒人们要珍惜和平，反对战争。

1914年8月，爆发了第一次世界大战。爱因斯坦虽身居战争的发源地，生活在战争鼓吹者的包围之中，却坚决地表明了自己的反战态度。9月，爱因斯坦参与发起反战团体"新祖国同盟"，在这个组织被宣布为非法、成员大批遭受逮捕和迫害而转入地下的情况下，爱因斯坦仍坚决参加这个组织的秘密活动。

1917年，列宁领导的苏维埃社会主义革命胜利后，爱因斯坦非常支持这个伟大的革命，赞扬这是一次对全世界将有决定性意义的、伟大的社会实践，并表示："我尊敬列宁，因为他是一位有完全自我牺牲精神、全心全意为实现社会正义而献身的人。我并不认为他的方法是切合实际的，但有一点可以肯定：像他这种类型的人，是人类良心的维护者和再造者。"

1922年1月，爱因斯坦完成了关于统一场论的第一篇论文。3—4月访问法国，努力促使法德关系正常化。发表批判马赫哲学的谈话。4月，参加国际联盟知识界合作委员会。7月，受到谋杀的威胁，暂离柏林。沿途访问科伦坡、新加坡、香港和上海等城市。在上海逗留期间，他受到了中国人民的热烈欢迎。仅仅是在短暂的时间里，爱因斯坦也可以看出中国人此时身在水深火热之中。这让他感到很痛心。在后来他的日记中，就记录了途经中国时所看到的景象，他既痛心又气愤。痛心的是中国人民的惨痛遭遇，气愤的是侵略者的无道霸行。后来，爱因斯坦在结束了对日本的讲学后，再一次到访上海，给了中国的学者很多理论上的帮助和精神上的支持。

1923年2月8日，爱因斯坦成为特拉维夫市的第一个名誉公民。他在从巴勒斯坦返回德国途中，访问了西班牙。3月，他对国际联盟的能力大失所望，向国际联盟提出辞职。6—7月，帮助创建"新俄朋友协会"，并成为其执行委员会委员。

1927年2月，爱因斯坦在巴比塞起草的反法西斯宣言上签名。参加国际反帝大同盟，被选为名誉主席。1930年因不满国际联盟在改善国际关系上的无所作为，而提出辞职。5月，在国际妇女和平与自由同盟的世界裁军声明上签字。1932年2月，对于德国和平主义者奥西茨基被定为叛国罪，在帕莎第纳提出抗议。3月，从美国回柏林。5月，去剑桥和牛津讲学，后赶到日内瓦列席裁军会议，他感到极端失望。1937年3—9月，参加由英费尔德执笔的通俗册子《物理学的进化》的编写工作。3月，声援中国"七君子"。1939年8月2日，在西拉德的推动下，上书罗斯福总统，建议美国抓紧原子能研究，防止德国抢先掌握原子弹制造技术。

1940年5月，爱因斯坦致电罗斯福，反对美国在世界反法西斯战争中的中立政策。1944年，为支持反法西斯战争，以600万美元拍卖1905年狭义相对论论文手稿。他还发起组织"原子科学家非常委员会"，担任主席；写出长篇《自述》，回顾一生在科学上探索的道路。1948年4月，同天文学家夏普林利合作，全力反对美国准备对苏联进行"预防性战争"，抗议美国进行普遍军事训练。1950年2月13日，发表电视演讲，反对美国制造氢弹。《晚年集》出版。3月18日，在遗嘱上签字盖章。内森博士被指定为唯一的遗嘱执行人。遗产由内森博士和杜卡斯共同托管。信件和手稿的最终贮藏所是希伯莱大学。1952年11月，以色列第一任总统哈伊姆·魏茨曼死后，以色列政府请他担任第二任总统，被他拒绝。

1953年4月3日，爱因斯坦给伯尔尼时代的旧友写《奥林匹亚科学院颂词》，缅怀青年时代的生活。5月16日，给受迫害的教师弗劳恩格拉斯写回信，号召美国知识分子起来坚决抵抗法西斯迫害，引起巨大反响。

1954年3月，爱因斯坦75岁生日，通过"争取公民自由非常委员会"，号召美国人民起来同法西斯势力作斗争。3月，被美国参议员麦卡锡公开斥责为"美国的敌人"。5月，发表声明，抗议对奥本海默的政治迫害。

秋因患溶血性贫血症卧床数日。11月18日,在《记者》杂志上发表声明,不愿在美国做科学家,而宁愿做一个工匠或小贩。

1955年2月,同罗素通信讨论和平宣言问题,后在宣言上签名。4月5日,驳斥美国法西斯分子给他扣上"颠覆分子"帽子。4月13日,在草拟一篇电视讲话稿时发生严重腹痛,后诊断为动脉出血。4月15日进普林斯顿医院。4月18日,爱因斯坦被诊断出患有主动脉瘤,18日午夜在睡梦中感到呼吸困难,主动脉瘤破裂导致大脑溢血,逝世于普林斯顿。一位名叫托马斯·哈维的医生在验尸过程中,在经爱因斯坦的长子汉斯允许下,取下爱因斯坦的大脑保存,这位病理医生希望未来神经科学界能够研究爱因斯坦的大脑,以发现爱因斯坦那么聪明的原因。为遵照爱因斯坦的遗嘱,他死后并没有举行任何丧礼,也不筑坟墓,不立纪念碑,骨灰撒在永远保密的地方,目的是不会令埋葬他的地方成为圣地。

爱因斯坦在病情恶化、无法再继续接受治疗的最后时刻,千叮咛万嘱咐一定要把他的研究所留给别人使用而不是为了保护它而空置,到最后,他还在想着奉献。这个一生致力于理论研究和推动世界和平的伟人离去了,留下了他的伟大的思想和高尚的美德。

聪慧绝伦的数学王子——高斯

卡尔·弗里德里希·高斯（Johann Gauss Carl Friedrich，1777—1855），出生于德国布伦瑞克的一个贫苦犹太人家庭。19世纪著名数学家、物理学家、天文学家、大地测量学家，是近代数学的奠基者之一。他在17岁时独立发现了二项式定理的一般形式、数论上的"二次互反律"（Law of Quadratic Reciprocity）、质数分布定理（prime number theorem）及算术几何平均（arithmetic-geometric mean）。19岁时高斯得到了一个数学史上非常重要的结果，就是正17边形尺规作图之理论与方法，探索出了以圆规和尺子画出正17边形的方法，解决了

卡尔·弗里德里希·高斯

2000多年来悬而未决的数学难题。22岁获博士学位，27岁时就被推选为大英皇家学会会员，从30岁起一直到78岁逝世，一直担任德国哥廷根大学教授兼哥廷根天文台台长。与此同时，高斯还曾担任法国、俄国等国家科学院的院士。

高斯的一生成就斐然，在数学的众多个领域都有建树，以"高斯"命名的学术成果多达110多个，在数学家之中无人超越。高斯在非欧几何、微分几何、超几何级数、数论、复变函数论以及椭圆函数论等方面，都有开创性的贡献。他擅长把数学与天文学、物理学等学科联系起来，开创了多个学科的研究新领域。他被赞誉为人类史上最伟大的数学家之一，与历史上极富盛名的古希腊阿基米德、英国牛顿并列为世界三大数学家。同为著名数学家的克莱因曾这样评价高斯非凡的天赋才华和伟大成就："如果18世纪的数学家们是一系列的崇山峻岭，那么最令人高山仰止的巅峰即是高斯，一个使众多科学领域焕发新的活力的先驱者。"高斯和阿基米德、牛顿、欧拉等世界著名数学家一样享有崇高的历史地位，有"数学王子"的美誉。

1. 险被埋没的天才

卡尔·弗里德里希·高斯是18世纪末到19世纪

中期德国伟大的数学家、物理学家和天文学家。1777年4月30日，高斯出生在德国北部距离柏林200公里处的布伦瑞克农村的一个贫穷的普鲁士犹太人家，他的祖父是地地道道的农夫，父亲名叫格部哈特·迪特里希·高斯，曾做过园丁、工头、商人的助手和小保险公司的评估师。高斯的父亲和第一任妻子共同生活了十多年，妻子未生孩子就因病去世了。1776年，高斯的父亲与罗婕娜——当地石匠克里斯托夫·宾泽的女儿结婚。罗婕娜没怎么上过学，在她成为高斯父亲的第二任妻子之前，曾从事女佣工作。罗婕娜结婚时34岁，婚后高斯是他们唯一的孩子，因此母亲对高斯极为疼爱。在高斯的记忆里，父亲总是那么严肃，不苟言笑，而母亲罗婕娜是那么慈祥和让人亲近，因此高斯和母亲的感情也更深厚一些。正因为母亲的鼓励和支持，小高斯才能在艰苦的环境中艰难成才。高斯自小就有极高的求知欲望，在别人眼里，他的小脑袋里总是有那么多问不完的为什么，在别的小孩子看来再正常不过，已经熟视无睹的事物和现象，他总是十分好奇，而且一定要钻研到底，彻底搞清楚为什么才肯罢休。在幼年时代，高斯就已经逐渐显现出超出常人的数学能力。

幼年时的小高斯，家境贫寒，以至于没有经济能力让他到学校接受最基础的教育，年幼的小高斯无法享受到同龄人无忧无虑的读书时光。在小高斯的启蒙教育中，他的舅舅弗里德里希起着非常重要的作用，他是一个头脑灵活、富于智慧、待人热情而又踏实能干的人，舅舅发现姐姐的这个儿子聪明伶俐，他非常喜欢小高斯，常常用有趣的方式启发高斯的智慧，并且不时给小高斯买一些小书籍，给他一些指导，送他一些玩具和小活计让他摆弄。在高斯的晚年回忆里，他经常提及正是由于舅舅弗里德里希的坚持和鼓励，经常劝导父亲让自己向数学研究方面发展，才使得自己最终逃离了成为像父亲一样的园丁或者瓦匠的命运。高斯的父亲虽是个粗人，但能识字，有一定的计算能力，作为当地泥瓦厂的工头，每个周末他都要按惯例给工人发薪水。而这也是做惯了泥水活儿、称得上"匠人"的他最不擅长的。高斯3岁时，忙碌了一个星期的父亲正全神贯注地给工人计算工钱。好不容易算完，父亲报出数字记在本上，在一旁玩耍的小高斯，用稚嫩的语气说道："爸爸，您一定是弄错了！应该是这个数字……"原来3岁的小高斯虽然在玩耍，但耳朵里一直听着爸爸的报数，他把每一个数字熟记于心，就知道每个人该发多少钱了。父亲简直要惊掉下巴了，他抬起头，看了看儿子，那眼神仿佛在说：拜托，小鬼，你能不能不给老爸添乱？由于不放心，他又演算了一遍，结果证明儿子小高斯是完全正确的，这一下围在一旁的大人们也都震惊得目瞪口呆。后来，高斯回忆这件事，曾半开玩笑地说："相信我，我在学会说话之前，就已经学会心算了。"不仅如此，小高斯的语言学习能力也十分惊人，大人教他字母如何发音以及发音规律后，他就自己拼读单词像模像样地读起书来，让高斯的父母震惊之余也省心许多，因为他们不必费心教那些他们也不熟悉的知识，不必因没有钱为孩子请启蒙老师而发愁。

1787年高斯10岁，他进入了学习数学的班级，这是一个首次创办的班，孩子们在这之前都没有听说过算术这么一门课程。高斯在这里遇到了他的数学老师布特纳，一位在破旧的教室里上课，常认为自己在穷乡僻壤教书是怀才不遇的自视清高的人。这是布特纳老师情绪低落的一天。同学们看到老师那紧绷的脸，心里嘀咕起来，不知道老师又会在今天处罚谁了，果不其然，老师在算数课上出了一道难题："把1到100的整数写下来，然后求和。"第一个做完的，就把当时通行写字的石板面朝下地放在老师的桌子上，这样的题目，固然难不倒学过级差的人，但现在他教的可是小学生，才开始学习算数呢！老师心想这下他可以休息一下了。但他想错了，因为还不到眨眼的工夫，高斯已经说道："答案在这儿！"其他的学生正把数字一个个加起来，额头都冒出了汗水，却不知道是否正确，但高斯却静静地坐在那里，眼神里充满自信和坚定。考完后，老师一张张地检查着石板，大部分都做错了。高斯的石板被翻了过来，只见上面只有一个数字"5050"，一个百分之百正确的答案。老师吃了一惊，高斯就解释他是如何计算的：$1+100=101$，$2+99=101$，$3+98=101$……$49+52=101$，$50+51=101$，一共有 50 对和为 101 的数目，所以答案是 $50\times101=5050$。由此可见高斯找到了算术级数的对称性。从此布特纳老师对高斯刮目相看，经过教授更多的数学知识，布特纳感觉自己的能力不足以教高斯，就从汉堡买了一本较深奥的数学书给高斯读。这期间，高斯与布特纳的助手巴特尔斯建立了真诚的友谊，直到巴特尔斯逝世，他们一起学习探索，高斯因此有机会接触到了真正的数学研究。

而高斯的父亲格部哈特·迪特里希·高斯可以说是一名名副其实的"大老粗"，他可不认为投机取巧、算算数字的小把戏可以一辈子当饭吃，他认为只有力气能挣钱，上学这种事情对穷人是没有用的。他对高斯要求极为严厉，甚至有些苛刻。不能继续上学的小高斯遵从父亲的安排，每天从事着和父亲一样的粗活重活。

2. 生命中的贵人

学校指派老师到家里拜访高斯的父亲，希望他同意小高斯接受更高的教育，但高斯的父亲认为儿子应该像他一样，脚踏实地，做个泥水匠，而且他也坦白自己没有钱让高斯继续读书，最后的结论是——老师们去找有经济能力的人当高斯的赞助人。这次家访之后，高斯可以不用每天晚上织布，而是由布特纳带着他讨论数学，然而不久之后，布特纳再也没有什么东西可以教高斯了。

高斯的母亲罗婕娜渴望儿子能出人头地，对高斯的才华极为珍视。然而，即便如此，她也不敢轻易地让儿子投入不能养家糊口、看起来非常枯燥的数学研究中。在高斯成长的过程中，尽管他表现出了许多伟大数学家的禀赋，但罗婕娜仍向数学界的朋友 W. 波尔约问道："我的高斯将来会有出息吗？"波尔约说："放心吧罗婕娜，你的儿子将成为欧洲最伟大的数学家。"为此她激动得热泪盈眶。

1788 年，受到鼓励的 11 岁的小高斯不顾父亲反对，进入一所学文科的高等学校学习。在新学校里，小高斯所有的功课都极出色，古典文学、数学尤为突出。数学老师看了高斯的作业后就说不必再上数学课了，而他的拉丁文成绩在全班名列前茅。

1791年，他的老师们和慈母把他推荐给布伦瑞克公爵，希望公爵能资助这位聪明的孩子上学。幸运的是，布伦瑞克公爵卡尔·威廉·斐迪南召见了14岁的高斯，这位家境贫寒却朴实、聪明的孩子赢得了公爵的同情，公爵慷慨地提出愿意做高斯的资助人，答应尽一切可能帮助他，让他继续学习，这样高斯的父亲再也没有反对的理由了。1792年，高斯进入布伦瑞克的卡罗琳学院继续学习，开始对高等数学作研究。1795年，公爵又为他支付各种费用，送他进入德国著名的哥廷根大学深造，这使得高斯如愿以偿地开始了创造性的数学研究。高斯在数学方面展现出极高的天赋，由于家境贫寒，他十分珍惜来之不易的学习机会，学习非常刻苦。

1799年，高斯完成了博士学位论文，22岁即获赫尔姆施泰特大学的博士学位，回到家乡布伦瑞克，虽然他的博士学位论文顺利通过了，被授予博士学位，同时获得了讲师职位，但他没能成功地吸引学生，因为他讨厌教学，因此只能回老家。

这个时候，又是布伦瑞克公爵帮助了他。

布伦瑞克公爵为高斯的学术研究给予了巨大的资助。这期间，公爵赞助高斯长篇博士学位论文所需要的高额印刷费用，而且还送给他一幢公寓，替他出资印制了《算术研究》，使身无分文的高斯终于在1801

年出版该书；除此之外，公爵还负担了高斯的一切生活开支。公爵的慷慨帮助，令高斯万分感动。对此，他曾在书中，写下了最诚挚的献词："献给大公"，"您的仁慈，让我从所有困顿和烦恼中解脱出来，让我自由自在地从事我热爱的研究工作。"

1806年，执政法国的拿破仑对别国发动战争，为了抵抗拿破仑在欧洲的扩张，参加战争的布伦瑞克公爵卡尔·威廉·斐迪南在耶拿战役中不幸阵亡，这给了高斯无比沉重的打击。公爵的去世不仅给高斯带来了经济上的困难，而且使他对于国家被奴役深感愤怒，国恨私仇交加，使他长期对法国人怀有深深的敌意。恰逢此时他的第一个妻子去世，这一切使得当时的高斯有些心灰意冷。他悲痛欲绝，但高斯是一位经历过苦难而非常坚强的人，他没有向周围的人透露自己的窘况，也不想让朋友们察觉他的压力和负担。人们只是在他去世后整理他未公之于众的数学手稿时才得知他那时的消沉、悲凉心态，以及拮据的生活。在当时一篇讨论椭圆函数的手稿中，后人发现手稿中突然插入了一段细微的铅笔字："对我来说，死去也比这样的生活更好受些。"

善良仁慈、慷慨无私的布伦瑞克公爵去世了，高斯为了维持生计，继续他为之着迷的科学事业，他必须开始独立地工作，所幸那时的他已经声名鹊起，他的科学成就使他的名字从1802年就享誉全欧洲。俄国圣彼得堡科学院多次邀请他，给他优厚的待遇和更好的科研条件，但由于布伦瑞克公爵生前坚决不同意高斯去俄国，为此公爵还专门为高斯建立了天文台，而且给他更多的资助，为了不违背恩人的遗愿，高斯婉言谢绝圣彼得堡科学院的高薪邀请。

恰在此时，德国著名学者洪堡（B.A.Von Humboldt）得知了这一情况，为了留住德国最伟大的天才，洪堡积极游说其他学者和政府人士，为高斯谋求到了享有特权的哥廷根大学数学和天文学教授，以及哥廷根天文台台长的职位。得知此讯，在公爵去世的第二年，高斯欣然赴哥廷根就职，并一直和家人居住在此，直至去世。

洪堡等人的资助，使高斯重新拾起了科学研究的信心，又开始了他在数学等科学领域的新征程。这时的他更加珍惜难得的科研环境，更加努力，几乎到了为研究废寝忘食的程度。在他的努力和带领下，哥廷根大学创立了独树一帜的数学学派，德国也逐渐成为世界科学和数学中心。

3. 旷世奇才的惊人成就

不到20岁的高斯，就已在许多学科上取得了不菲的成就。对于高斯不断取得成功,附近几个不学无术的小伙子很不以为然,下定决心要羞辱一下高斯,看看他到底有什么本事。他们聚到一起挖空心思,终于想出了一道他们认为无解的难题。他们把一块银币用一根细棉线系上,再找来一个薄透明的玻璃瓶,把银币悬空放在瓶中,瓶口用瓶塞堵住,棉线的另一头也系在瓶塞上,他们拿着瓶子,在大街上当面拦住高斯,用挑衅的口气说道:"你一天到晚只会读死书,装出一副高深渊博的样子,你有本事,别碰破瓶子,不打开瓶塞,就把瓶中的棉线弄断吗?你要是可以做到,我们就服你。"

高斯本来不想理他们,觉得和他们计较没有一点意义,可当他仔细思考后,又觉得这个问题还的确有些挑战性,于是认真地想起解题的办法来。几个小伙子为能难住高斯而自鸣得意,大街上的围观者也很多,都在想着法子,但除了摇头摊手之外,根本不寄希望于解决这个问题。高斯也眉头紧皱,一言不发。有人甚至嘲讽道:"高斯,人们不都说你聪明绝顶吗?怎么样,在这个问题面前,你智力有限了吧,实在解不出,就认了吧,以后别再逞能了。"高斯忍受了这个恼人的家伙对他的讽刺,继续冷静思考。他无意中看了一眼刺眼的阳光,又望了望那个透明的薄瓶子,顿时喜出望外,高兴地叫道:"你们瞧着,我有办法解决你们的难题。"说着找来一面放大镜,对着瓶子中的棉线照射,时间一秒一秒地过去,人们好奇地睁大了眼睛,不相信奇迹会发生,但是随着"当啷"一声银币掉落瓶底,大家发现棉线真的断了,而且是被烧断的。这时,人们不由发出阵阵欢呼声,那几个小伙子也佩服得五体投地,无言以对,只好悄悄溜走了。

因为在语言和数学上天分突出,1795年,高斯在哥廷根大学期间,还曾为将来是要专攻古典文学还是数学苦恼了一阵子。但到了1796年,19岁的高斯得到了一个数学史上极为重要的结果,也就是最为人所知,使得他真正走上数学探索之旅的正17边形尺规作图理论与方法。

1796年的一天,高斯做着导师每天单独布置给他的两道数学题。因为他很有数学天赋,所以,导师每天布置给高斯的数学题总是比其他同学难。正常情况下,高斯总能当天完成给他的单独作业。

一如往常,这一天的两道题目高斯顺利地完成了。但今天多了一道题,且这第三道题在一张便签上,题目要求只用圆规和一把没有刻度的直尺做出正17边形。高斯起初不以为意,可做着做着,他感到越来越吃力。开始,他还想,也许导师认为我每天的题目都做得太顺利,特意增加难度吧。但是,随着时间一秒一秒地过去了,第三道题竟毫无进展。高斯绞尽脑汁，也想不出以现有数学知识解决这个难题的办法。困难激起了高斯的斗志：我一定要把它做出来！他拿起圆规和直尺，在纸上画着，尝试着用一些超常规的思路去解这道题。当清晨第一缕阳光从窗口照射进来时，高斯终于长舒了一口气，他终于解出了这道难题！见到导师时，高斯还感到有些内疚和自责。他对导师说："您给我布置的第三道题我觉得自己很吃力，做了整整一个通宵，我辜负了您对我的栽培……"

导师接过高斯的作业一看，便被震惊了。他激动而颤抖地问高斯："这真的是你自己做出来的吗？"高斯有些疑惑地看着心情激动的导师，回答道："是的。但是，我竟然花了整整一个晚上才做出来，我辜负了您的期望和栽培。"导师长嘘一口气，请高斯坐下，拿出圆规和直尺，在桌子上铺开纸，让高斯当着他的面，一步一步做出一个正十七边形，当正十七边形完整地呈现在他面前时，导师万分激动地对高斯说："你一定没想到吧，你解开了一道有2000多年历史的数学难题。阿基米德没有得到答案，牛顿没有解出来，你竟然只用一个晚上就解出来了！你真是让人难以置信！我也一直尝试研究这道难题，但总不得结果，昨天给你布置题目时，不小心把写有这个题目的便签夹在了给你的题目里，所以才有了这第三道题啊。"

高斯恍然大悟，他这才意识到做出这道题的意义。

后来高斯在回忆这件事的时候，还说："幸亏老师事前没告诉我这是阿基米德和牛顿也没有做出的难题，否则我可能也会放弃。"高斯的这个经历告诉我们：在一件事我们不清楚它到底有多难时，往往能够做得更好，或许这就是人们常说的无知者无畏吧。

高斯用代数的方法解决2000多年来的几何难题，他也视此为生平得意之作，还特别交代要把正17边形刻在他的墓碑上，但后来他的墓碑上并没有刻上正17边形，而是17角星，因为负责刻碑的雕刻家认为，正17边形和圆太像了，大家一定分辨不出来。

1799年，高斯完成的博士学位论文证明了代数一个重要的定理，即任意一多项式都有（复数）根。这结果称为"代数学基本定理"（Fundamental Theorem of Algebra）。

实际上，高斯之前有许多数学家试图给这个结果以证明，可是没有一个证明是严密的。高斯把前人证明的缺失——指出来，然后提出自己的见解，他一生中一共给出了4个不同的证明。

1801年，高斯24岁时出版了《算术研究》(Disquisitiones Arithmeticae)，这本书以拉丁文写成，原来有8章，由于钱不够，只好印了7章。

《算术研究》这本书除了第7章介绍代数基本定理外，其余都是数论，可以说是第一本有系统的数论著作，高斯第一次介绍"同余"（Congruent）的概念，"二次互逆定理"也在其中。

1816年，高斯就发现了非欧几何的原理。他还深入研究复变函数，建立了一些基本概念发现了著名的柯西积分定理。他还发现椭圆函数的双周期性，但可惜这些工作在他生前都没发表出来。

24岁开始，高斯放弃在纯数学领域的研究，做了几年天文学的研究。

当时，天文界正面临一个无法解决的难题。因为火星和木星间有庞大的间隙，认为火星和木星间应该还有行星未被发现。后来一位天文学家发现一颗小行星出现在火星和木星间。现在我们知道它是火星和木星的小行星带中的一个，但当时天文学界争论不休，有人说这是行星，有人说这是彗星，必须继续观察才能做出判断，因为在地球上只能观察到它9度的轨道，之后它便隐身到太阳后面去了。因此无法知道它的轨道，也无法判定它是行星或彗星。

一个偶然的机会，高斯关注到了这个问题，并且对这个问题产生了浓厚的兴趣，他决定破解这个难题。高斯自己独创了只要观察3次，就可以计算星球轨道的方法。他可以极准确地预测行星的位置。果然，这颗如今被命名为"谷神星"的新星准确无误地在高斯预测的地方出现。这个方法——虽然他当时没有公布——就是"最小平方法"（Method of Least Square）。

1802年，高斯又准确预测了小行星2号，也就是"智神星"（Pallas）的位置。1809年，高斯写了《天体运动理论》共两册，第一册包含了微分方程、圆锥截痕和椭圆轨道，第二册展示了如何估计行星的轨道。高斯在天文学上的贡献大多在1817年以前，但他仍一直做着观察的工作，到他70岁为止。虽然做着天文学的工作，但他仍抽空做其他研究。

高斯为了用微积分解天体运动的微分方程，考虑无穷级数，并研究级数的收敛问题，在1812年，他研究了超几何级数（Hypergeometric Series），并且把研究结果写成专题论文，呈给哥廷根皇家科学院。

1820年前后，高斯把注意力投向大地测量——用数学方法测定地球表面的形状和大小。他把很多时间用于大地测量的理论研究和野外工作。

在如何增加测量的精确度方面，高斯发明了回光仪（一种利用日光以保证比较精确测量的仪器）。他还引进了高斯误差曲线，并指出概率如何能用变差的钟形曲线（一般称为正态曲线，它是刻画数据统计分布的基础）来表示。

高斯还对透过实际的大地测量确定地球形状感兴趣，这个工作使他回到了纯理论。他利用这些测量数据发展了曲面论，按照这一理论，一个曲面的特征只要透过测量曲面上曲线的长度就能确定。

高斯的这种"内蕴曲面论"启发了他的学生黎曼发展三维或多维空间的一般内蕴几何学。这是黎曼1854年在哥廷根就职演说的题目,据说也是困扰高斯的问题。大约60年以后黎曼的思想成了爱因斯坦广义相对论的数学基础。

从1820年起,高斯为了测绘汗诺华公国的地图,开始做测地的工作,他写了关于测地学的书,由于测地的需要,他发明了太阳观测仪。为了要对地球表面做研究,他开始对一些曲面的几何性质做研究。

1827年,高斯发表了《曲面的一般研究》(General investigations of curved surface of 1827 and 1825),涵盖一部分现在大学教学里的"微分几何"。

1830—1840年,高斯和一个比他小27岁的年轻物理学家——韦伯(Withelm Weber)一起从事电磁学研究,二人的合作非常理想:韦伯做实验,高斯研究理论,韦伯激发了高斯对物理问题的兴趣,而高斯用数学工具处理物理问题,深刻影响了韦伯思考问题的角度和工作的方法。

1833年,高斯从天文台拉了一条长8000尺的电线,以伏特电池为电源,构造了世界第一个电报机,这使高斯的声望超出了学术界而进入公众社会。

1835年,高斯设立磁观测站,并且建立起"磁协会",发表诸多研究成果,对促进地磁研究和测量,起到了巨大的作用,比如他1839年研究发表的《地磁的一般理论》,被当作学科教育的入门指南。

1840年,高斯和韦伯画出了全世界第一张地球磁场图,而且测定了地球南磁极和北磁极的位置。

1841年,有名美国科学家验证了高斯的理论,按照高斯指出的方法,找到了磁南极和磁北极的确切位置。高斯对自己的工作精益求精,非常严格地要求自己。许多同时代的数学家劝他,不要太认真,有结果就写出来发表,这对数学的发展是很有帮助的。其中一个有名的例子是关于非欧几何的发展。非欧几何的开山祖师有3人:高斯、罗巴切乌斯基(Lobatchevsky,1793—1856)、波埃伊(Bolyai,1802—1860)。其中波埃伊的父亲是高斯大学的同学,他曾尝试着证明平行公理,虽然父亲反对他继续从事这种看起来毫无希望的研究,小波埃伊还是沉迷于平行公理。最后发展出了非欧几何,并且在1832—1833年发表了研究结果,老波埃伊把儿子的成果寄给老同学高斯,想不到高斯却回信道:"我无法夸赞他,因为夸赞他就等于夸奖我自己。"早在数十年前,高斯就已经知道了这个结果,只是他认为不成熟,没有公布而已。

4. 人类的骄傲

1805年10月5日,高斯与约翰娜（Johanna）结婚。1806年8月21日,他迎来了生命中的第一个孩子约瑟夫,此后,他又有了2个孩子。高斯的父亲死于1808年4月14日,1809年10月11日,高斯的第一位妻子约翰娜离开人世。1810年8月4日高斯迎娶第二位妻子米娜（Friederica Wilhelmine）。他们又有了3个孩子。1831年9月12日他的第二位妻子去世了。此后,高斯的小女儿特雷泽（Therese）接手了整个家庭,并且照顾高斯直到他的生命结束。1839年4月18日,高斯的母亲在哥廷根逝世,享年95岁。

高斯是德国的犹太人,他相信精神个性上的不朽,相信个人在死后的持久性,以及永恒的、正义的、无所不知和无所不能的上帝。高斯也坚持宗教的宽容,他相信打扰其他正处在他们自己和平信念中的人是不对的。他曾说:"微小的学识使人远离神,广博的学识使人接近神。"

高斯身上表现出的矛盾,是与他实际上的和谐结合在一起的。高斯作为才华横溢的数学家,他既是一个深刻的理论家,又是一个杰出的数学实践家。但他对教学缺乏热情,因此他只有少数几个学生。他曾说过:"数学,科学的皇后;算术,数学的皇后。"他的格言是"不留下进一步要做的事",可见他对自己极度严格要求。高斯是个热心的完美主义者,他拒绝发布他认为不完整或并非无懈可击的作品。他自己曾说:宁可少发表,但发表的东西是成熟的成果。高斯对待学问十分严谨,一生共发表155篇论文,而且都是自己认为十分成熟的呕心沥血之作,他所发表的几乎都是那些影响数学发展进程的论著。

高斯坦承,他这一生,给他带来最大欢乐和荣誉的还是哥廷根市赠予他的荣誉公民头衔。由于高斯在数学、天文学、大地测量学和物理学中的杰出研究成就,他被选为许多科学院和学术研究团体的成员,而他也谢绝了许多大学请他当教授的邀请而一直留在哥廷根大学的院系中。

1849年高斯在获博士学位50周年庆祝会上,准备了他对代数基本定理证明的新版本。不幸的是,由于健康状况越来越差,这成了他最后的一部著作。高斯在病重期间,也没有间断过阅读和参加力所能及的学术活动。1850年,高斯心脏病加重,行动受到限制。1854年8月,病情恶化,下肢水肿。1855年2月23日凌晨1点,在哥廷根的家中,一代天骄、数学天才高斯走完了他的生命旅程,在睡梦中安详去世,享年78岁。

高斯去世后不久,德国政府就铸造了纪念他的钱币,以纪念这位旷世罕见的数学奇才。从1989年到2001年底，他的肖像和他所写的正态分布曲线与一些哥廷根著名的建筑物，一起被印入德国10马克的钞票中。

后来，德国还发行了3种用以表彰高斯成就的邮票。第一种邮票发行于1955年——他死后的第100周年；另外两种邮票发行于1977年——他出生的第200周年。

为纪念高斯，以他的名字命名的事物主要有：

用在磁场的CGS制计量单位以高斯命名。

月球上的月坑以他命名。

小行星1001号又称为"高斯星"。

1901年，德国曾建造了一艘名为"高斯"的船，并进行了被称为"高斯号远征"的南极探险活动。

2007年，高斯的半身像被引进瓦尔哈拉神殿。

高斯的一生，不仅对纯数学作出了开创性的贡献，而且对后世的天文学、大地测量学和电磁学作出了意义深远的贡献。

高斯开创了许多新的数学领域，从最抽象的代数数论到内蕴几何学，他都有不俗的建树。无论从研究风格、研究方法乃至所取得的具体成就方面，高斯都堪称18—19世纪的科学家中坚人物，可以毫不夸张地说，如果把19世纪的数学家想象为一条条江河，那么其源头非高斯莫属。

高斯是"人类的骄傲"，天才、早慧、创造力不竭、高产……人类关于智力领域的几乎所有溢美之词，用在高斯身上都丝毫不显过分。

爱因斯坦曾评价道:"高斯先生对于近代物理学的发展,尤其是对于相对论数学基础所作的贡献(指曲面论),其重要性是超越一切、无与伦比的。"

著名数学家贝尔(E.T.Bell),在他的《数学工作者》(Men of Mathematics)一书里这样评价高斯:直到高斯离世,人们才知道他早就预见到一些19世纪的数学探索。如果他能把他所知道的一些东西早一些泄露,很可能现在的数学发展水平比目前还要先进半个世纪或更多的时间。阿贝尔(Abel,N·H)和雅可比(Jacobi)可以从高斯所停留的地方开始工作,而不是把他们最好的努力花在发现高斯早在他们出生时就已经知道的东西。而那些非欧几何学的创造者,可以把他们的天才用到其他方面。

高斯一生极不平凡,无怪乎后人经常用他的事迹、警言和格言鞭策自己。100多年来,不少青年才俊在高斯的影响下,成长为杰出的数学家,并为人类的科学发展作出了巨大的贡献。高斯的故乡为了纪念高斯,把布伦瑞克改名为高斯堡。哥廷根大学建立了一座正17棱柱为底座的纪念像。高斯的墓碑朴实无华,仅镌刻"高斯"二字。在慕尼黑博物馆的高斯画像上题有这样一首诗:

他的思想深入数学、空间、大自然的奥秘，
他测量了星星的路径、地球的形状和自然力，
他推动了数学的进展，
直到下个世纪。

用乐符勾勒世界的灵魂之声——贝多芬

路德维希·范·贝多芬（Ludwig van Beethoven，1770—1827），出生于德国波恩。德国著名的音乐家，维也纳古典乐派代表人物之一。贝多芬4岁会弹奏羽管键琴，8岁开始登台演出；11岁拜师于普鲁士最著名的音乐教育家克里斯蒂安·戈特洛宝·聂费，跟他学习钢琴和作曲。同年发表第一首作品《钢琴变奏曲》，正式开始演艺生涯；12岁经聂费推荐，到瓦尔特斯坦伯爵的宫廷乐队，担任管风琴师助手；13岁参加宫廷乐队，担任风琴师和古钢琴师。1787年，贝多芬到维也纳后，开始跟随莫扎特、海顿等人学习作曲。之后跟随申克、阿勃

路德维希·范·贝多芬

列希贝尔格和萨列里等人学习，受到"狂飙运动"的影响。贝多芬的主要作品以九部交响曲占首要地位。代表作有：降 E 大调第三交响曲《英雄》、C 小调第五交响曲《命运》、F 大调第六交响曲《田园》、A 大调第七交响曲、D 小调第九交响曲《合唱》(《欢乐颂》主旋律)、序曲《爱格蒙特》、《莱奥诺拉》、升 C 小调第十四钢琴奏鸣曲《月光》、F 大调第五小提琴奏鸣曲《春天》、F 大调第二浪漫曲等。他的作品集古典音乐之大成，同时开辟了浪漫主义时期音乐的道路，对世界音乐发展有着举足轻重的作用。他被尊称为"乐圣"和"交响乐之王"。

贝多芬一生都在与命运作斗争。他的不屈，他的毅力，才是他最终取得成就的制胜法宝。贝多芬留给我们的不仅仅是他的那些天籁般动人的曲目，更是他那顽强与命运抗争的精神。在他的乐符中流淌着的是自由、是博爱，是他的宽容善良，也是他的悲悯情怀。他的音乐至今还在全世界的各个地方演奏，他的故事还在不同的国家传颂……

1. 音乐大师的成才之路

1770 年注定不会是平凡的一年。在这一年的 12 月 16 日，著名音乐家路德维希·范·贝多芬出生了。贝多芬出生于莱茵河西侧的一个城市——波恩。这个城市的人口当时只有区区1万人，相比较德国其他人口众多的大城市，波恩只算个规模很小的城市。可是，它的地位却一点也不低，因为波恩是科隆大主教的公国。虽说人口规模较小，但波恩城市内的基础设施可一点也不输给大城市。并且波恩风景优美，空气清新，整个城市似乎都沉浸在艺术氛围中。

贝多芬的父亲约翰染上了酗酒的恶习。贝多芬出生那天他甚至喝到深夜醉醺醺地回来。这位约翰先生似乎纯粹是爱好喝酒而并不是借酒消愁。因为他的经历也算得上是一帆风顺，没什么坎坷。约翰的父亲艾文在经过自己数年的打拼后，最终在皇宫中担任宫廷乐师。约翰不仅继承了父亲卓越的音乐造诣，还继承了父亲高大魁梧的身材和坚定而充满信心的心性。后来，约翰看上了一位长期在皇宫中生活的宫廷女仆玛利亚。他们婚后的生活平静而美满，不久就有了第一个孩子，这让夫妻二人惊喜不已。

可惜好景不长，约翰染上了酗酒的恶习。玛利亚又怀孕了，她耐心地劝导约翰，可结果是，她只能一次又一次怀着悲伤的心情看着自己的丈夫不顾反对地跑去喝酒，终日以泪洗面。

当东方露出了鱼肚白，刚生下孩子的玛利亚已经熟睡了，约翰才回来。他打开了自家的房门，当他看到床上多了一个襁褓，并且襁褓中婴儿的眉眼像极了他的时候，他终于回过了神，用颤抖的声音问玛利亚："这是真的吗，这是我们的孩子吗？"他的眼里闪动着泪花。玛利亚的眼中也噙满了泪。约翰这段时间对妻子的愧疚一时涌上心头。他满怀深情地望着她："谢谢你，玛利亚，都是我的错。我以后再也不去喝酒了，我要专心致志地工作，努力赚钱为家里分担开销。我还要教我们的孩子弹奏乐器和唱歌，他以后一定比我出色，我还想让他登上世界的舞台。"善良的玛利亚听到了丈夫的忏悔，她相信了丈夫的承诺，也和丈夫一起畅想着他们往后的生活。

贝多芬的祖父得知孩子出生的消息，便急匆匆地赶往约翰家。他看到小贝多芬的时候，心里像抹了蜜一样。他给孙子取名为路德维希·范·贝多芬，同他一样的名字。祖父甚至想要等小贝多芬长大后，亲自教授他乐器。

日子一天一天地过去，小贝多芬也一天一天地长大了。陪伴他童年的,似乎就是各种各样的乐器和乐谱。所幸，小贝多芬十分热爱音乐，并且在音乐方面有着明显的天分。凡是教过他的曲子，他能一个音符都不差地弹奏出来。就算是他从未听过的曲子，听祖父弹奏一遍，小贝多芬便能丝毫不差地弹出来。父亲和祖父都看出了小贝多芬这方面的天分，更加不遗余力地教授小贝多芬。

贝多芬2岁的时候，他曾遭遇了一件对他终生都有影响的大事。这一天玛利亚发现小贝多芬的脸上长满了包。经过治疗和玛利亚的细心呵护，小家伙痊愈了。但是他一开始在脸上挠破的那些包都结成了疤痕，在小家伙的脸上显得很不好看。约翰轻声安慰着正在伤心啜泣的玛利亚："别这样，玛利亚，这不是你的原因，或许这就是上帝给他安排的命运。就算我们的儿子以后不再英俊，他依然可以成为世界上最一流的音乐家。"

小贝多芬果然没有辜负父亲的期望，他在音乐方面的天赋被一点一点开发出来，慢慢地他就像是一个熟练的演奏家，可以独自弹奏出动人的歌曲。他8岁那年，就被选入了皇家唱诗班。这是约翰的骄傲，也是玛利亚的骄傲。

2. 生活的转折点

可是，玛利亚害怕的事情终究还是发生了。在老路德维希去世后，约翰十分痛苦，便又开始无节制地饮酒，无节制地打骂妻儿。

唱诗班的老师无意中发现贝多芬的身上除了手以外都伤痕累累。震惊之余，老师决定找贝多芬的父亲谈谈关于他教育孩子的方式。终于有一次，老师见到了贝多芬的父亲约翰。果然不出老师所料,约翰满身酒气而且异常邋遢。老师委婉地向约翰表示,他认为约翰的教育方式有些极端,不利于贝多芬的发展。可是没等老师把话说完,约翰就冷冷地打断了他:"我的孩子我想怎么教就怎么教,这不关你的事!"说完就不客气地把老师撵了回去。老师只得悻悻地离开。

  成年后的贝多芬一直没有娶妻生子,建立家庭,估计就是受到了原少年家庭的影响。经历磨难的孩子要比一般的孩子懂事得多。贝多芬体恤母亲的辛苦,就把自己给人干活的钱一点一点存起来,最后全部拿给了母亲,玛利亚看到儿子这么乖巧,顿时热泪盈眶。

  11岁那年,贝多芬跟随普鲁士最著名的音乐教育家聂费学习。当年,他就发表了一首他的个人作品《钢琴变奏曲》。之后,在聂费的悉心教导下贝多芬在音乐作曲上有了长足的进步。在这之后,聂费觉得贝多芬已经可以凭自己的能力独自闯荡了,便引荐他到瓦尔特斯坦伯爵的宫廷乐队。在这个乐队里,贝多芬见识了来自世界各地的高手。贝多芬在敦促自己更加努力练琴的同时,也开启了他的音乐新篇章。而此时他的父亲因为长期过度饮酒把嗓子喝坏了,已经无法再正常工作了,家庭的重担一下子全部落在了贝多芬小小的肩膀上。母亲为了不让儿子如此辛劳,便开始四处找工作，每天马不停蹄地打好几份工。苦命的母亲没有享受过几天的幸福生活，一辈子都活在辛劳和悲哀中。

贝多芬一直在乐队里勤勤恳恳地工作，直到有一天聂费的话打破了他原本平静的生活。他对贝多芬说："你已经足够优秀了，我也无法再多教授你什么。所以你需要找一个更加厉害的老师来开发你更大的潜能，不如你去维也纳找莫扎特教授吧。"

据说初次见面时，莫扎特似乎很不给这个"毛头小子"面子。当贝多芬来拜访莫扎特的时候，莫扎特并没有表现出很高的热情，而只是敷衍地听完贝多芬的介绍，之后便让贝多芬随便弹奏一曲。在莫扎特看来，听完弹奏稍微点评几句，之后敷衍了事，便可以送客去继续他的歌剧创作了。可贝多芬却毫不示弱地对莫扎特说："不如您出题，我来弹奏。"莫扎特想不到这个小青年竟有如此的胆识，便出了一道题。再看贝多芬，他不假思索地弹奏起来，灵活的手指在钢琴键上跳跃，就好像无数的小精灵在飞舞，耳边传来了流畅动听的演奏。莫扎特听完后，惊讶之情溢于言表。他心想看来是自己小看了这个年轻人，便如实告知贝多芬他最近在创作一部歌剧，可能没有时间指导他，但是空闲的时候，他是可以教授贝多芬的。得到了莫扎特肯定的贝多芬坚定了要留在维也纳的决心。可是，上帝偏偏就是要与他开玩笑。

不久之后,贝多芬收到了一封从家乡寄来的信件。就是这封信,让他不得不放下维也纳的一切。向莫扎特辞行后,贝多芬匆匆地回到家乡。原来那封信正是贝多芬的酒鬼父亲写给他的。信中说他的母亲已经病入膏肓,让他无论如何也要回来一趟。看完信后的贝多芬心急如焚地赶回家。他只要一想到他那可怜的母亲,他的心便揪着疼。害怕、担心了一路,贝多芬终于回到了家,看到了自己日夜牵挂的母亲。这时的母亲已经病得卧在床上坐不起来了,贝多芬心里不免焦急和忧愁。可是不论贝多芬如何努力,最终还是没有挽留住母亲,母亲还是离开了。此刻的贝多芬不仅要强忍心中的哀痛,还要承担一家的开销,这对贝多芬来说无疑是个很重的负担。

在现实面前,梦想也要妥协。贝多芬只得放弃自己那虚无缥缈的梦想,承担起照顾整个家的责任。不久,他在附近找到了一份家庭教师的工作,主要是教授勃罗宁夫人家的3个孩子弹奏钢琴。贝多芬在与勃罗宁夫人的女儿艾莱奥诺的朝夕相处中,自然而然地产生了一些不一样的情愫。他们互相有好感,保持着一种纯洁又惺惺相惜的感情。

1790年,著名演奏家海顿来到波恩。贝多芬很是崇拜他。莫扎特都曾经受过海顿的教诲。在演出期间,海顿抽时间听了贝多芬的很多曲目后,对贝多芬赞不绝口,建议贝多芬去维也纳发展。

简单地收拾好行李,贝多芬就准备向维也纳进发。但是在前往维也纳之前,贝多芬还需要向勃罗宁夫人一家辞行。在勃罗宁夫人家,贝多芬受到了热烈的欢送。唯独一个人一直不肯露面,那就是艾莱奥诺。百思不得其解的贝多芬只得悻悻地离开。之后的一天,贝多芬收到了来自艾莱奥诺的礼物,他惊喜万分,带着众人的期盼,带着艾莱奥诺的深情再一次来到维也纳。

来到维也纳后,贝多芬带着满腔的热情和希望,找到了海顿。自从跟从海顿学习后,他发现海顿经常神龙见首不见尾。贝多芬一个星期根本见不到他几次面,因为海顿要处理的事情太多了,他根本抽不出空闲耐心地教导贝多芬。此时的贝多芬通过自学新的知识以提高自己的音乐水平。他深觉自己要再去找寻一个可以抽出空闲的老师来教导他。

不久之后,贝多芬师从申克,申克也是维也纳数一数二的音乐家。在师从申克的这段时间里,贝多芬受益匪浅。在1793年的时候,贝多芬发表了他来到维也纳后的第一首曲目《F小调前奏曲》,这一曲目广受好评,这也激励着贝多芬创作出更加精彩的曲目。从此,贝多芬开启了音乐大师的生涯。

3.学生向大师的转变

在贝多芬渐渐出名的同时,战争也慢慢地逼近了维也纳。法西斯的铁蹄蠢蠢欲动,企图一口吞掉全部的欧洲土地。一时之间,欧洲人心惶惶。不过无论怎样,生活还要继续。维也纳的居民还是照例听听歌剧,在下午茶后品尝一些新做好的点心,晚上再去听一场大师的演奏。似乎周边的战争完全影响不到维也纳安定平静的生活。当然,他们在闲暇时还会谈论谈论一颗刚升起的音乐界新星——贝多芬。随着贝多芬演奏次数的逐渐增多,他的名气也越来越大,有不少人慕名前来,专门听一次他的演奏。

在战争的影响下,贝多芬为自己的祖国谱写了振奋人心的曲子——《行军曲》,这首曲子表达了贝多芬对祖国强烈的感情。他还在德国的时候,满心满脑都是维也纳这个音乐之都,他梦想起源的地方。可是当他离开家乡的时候,却时常想起他那从小生长的地方。看到一草一木,都能勾起他深深的思乡之情。看到维也纳的树林,他会想到从前和小伙伴一起玩捉迷藏的那片绿油油的树林。他时常想起那条莱茵河,那是他看过的最好看、最漂亮的河流,世界上没有哪条河能比得过它,因为河流中流淌着他割舍不掉的乡情与亲情。在维也纳的河边,他时常想起自己那温柔又和蔼的母亲，他记得母亲温暖的微笑、慈爱的眼光，还有母亲欲言又止的哀伤。他想念他儿时的伙伴，想念那些与他一起嬉笑玩闹的好朋友，想念那位曾经让他如此动情的姑娘。他想念故乡的每一棵树，每一阵风，每一片白云，还有每一根在夜晚燃起的蜡烛……甚至，当他看到路边的酒馆时，他回想起自己那个爱喝酒的父亲。时过境迁，留在他回忆里的都是让他深深怀念的片段。那些曾经让他难过的，让他难堪的，让他手足无措的记忆，都已在他的脑海中渐渐消散，现在的他怀念曾经的一切。因为，那些都离他太远了，让他想碰触却无从碰触。或许，在贝多芬的心里，他一直有一个愿望，那就是回到他曾经待了十几年的地方，他要再去看一看从前清澈的水，他要去听听从前嘹亮的叫卖声，他要走街串巷去感受曾经存在他生命的每一个印记……

4. 与命运抗争的巨人

贝多芬的名气越来越大，本该心情越来越好，但他却被听力的问题长久地困扰着。不知道是压力过大的原因，还是不规律的作息所致，1796 年开始，贝多芬的听力越来越差了，耳鸣现象严重，这着实让贝多芬十分头疼。听力对一个音乐家的重要性可想而知，可贝多芬恰恰就是遇到了这样刁钻又棘手的问题。这段时间，贝多芬走访了各种大大小小的医院，让各种专业的医生检查过，但是他们均对此束手无策。贝多芬的听力越来越差了，他也越来越焦躁，脾气也变得很差。有的时候，他的耳疾甚至会引起剧烈的头痛。贝多芬在痛得难以忍受的时候，甚至会拿头狠狠地撞击墙壁，这种疾病让他痛不欲生。贝多芬觉得他要被逼疯了。他的情绪很不稳定，有时他一坐就是一下午，头痛的时候他又会急蹦乱跳一整天。这样的状态，贝多芬根本不可能专心地搞创作，所以这段时间，是他作品数量为零的时段，这使他几乎陷入癫狂。到后来，贝多芬几乎全聋了，他已经找不到生活的希望了。

　　某一天的下午，当贝多芬穿过一片树林的时候，他再也没有心情去漫步其间了。因为此时的他除了能看见眼前的景色外，什么声音都听不见了。这时的贝多芬心中只有无尽的哀愁。他的耳疾相当于已经宣判了他音乐生涯的死刑，无可辩驳。当他坐在歌剧院中，看到其他观众热烈鼓掌时，他才知晓演奏已经快结束了。当他走在路上，无论后面的人如何叫他，他都听不见，直到有人轻拍他的肩膀时，他才知道他落了东西。他再也听不到任何声音了。

　　生活还在继续，贝多芬的灾难还没有结束。直到后来的某一段时间，人们发现，贝多芬怎么越来越容光焕发了呢。原来,他遇到了人生的第二春。这次是一位公爵的女儿,一个年仅17岁的青涩少女特蕾莎。贝多芬的世界在遇到少女特蕾莎的那一刻,像是又重新找回了光明。他们陷入了热恋。多亏了这位少女,贝多芬渐渐扫去了内心的阴霾,慢慢开始接受失聪这个现实。但是贝多芬一面与女友热恋,一面又在担心着他们的未来。因为年龄上的巨大差距和身份上的悬殊都是阻隔他们长久在一起的重要原因。不过,贝多芬依旧深情地爱着这位少女,而对方的热情并不会比贝多芬有一丝丝的减少。

在少女的鼓励和影响下,贝多芬重拾他的音乐梦想。不久之后,贝多芬又一次举行了音乐会。他邀请了特蕾莎的朋友们,还有各界的朋友,那些在他昏暗生活中给他鼓励、给他温暖的人。这次的音乐会,可以想象,办得非常成功。这让贝多芬很惊喜,因为这代表他可以在无声的情况下继续进行自己的音乐创作并且不受影响。贝多芬同时也安慰着自己,这样也好,以后就不用再捂着耳朵忍受那些难以入耳的噪声了。

果然,爱情的力量是巨大的。在特蕾莎的影响下,贝多芬渐渐变得开朗起来。他与她的感情也持续升温,他时常忘情地为她创作歌曲,一到这个时候,贝多芬就变得异常温柔。每次和她相处的时候,贝多芬总是可以轻易地忘却时间,只想留住他和她之间美好而甜蜜的时刻。

这段时间,贝多芬创造了大量的曲目,他把这些曲目合而为一,命名为《月光曲》。这首曲子曲调悠扬,就像是月光闪耀在他的指尖,在琴键的律动中缓缓流出……引人遐想,给人无限的心灵慰藉。这些曲子是贝多芬的心血,也是他为特蕾莎所写的情书,甜蜜又美好。

可是,好景不长。少女本就是心思活泛的时期,自然也不会长时间地迷恋同一个人,特蕾莎对贝多芬冷淡了。不知所措的贝多芬又一次陷入了无尽的哀伤中。他一次又一次地问自己,为什么他会一次又一次地被抛弃,一次又一次地受伤害,他感到了绝望。

备受打击的贝多芬只有拼命地工作,拼命地创作,才不会陷入永久的黑暗中。他逼迫自己不再去想他与特蕾莎的种种,也不再对爱情抱有幻想,他封闭了心中的爱情,全身心地投入事业中。这段时间,是他事业突飞猛进的时段。他在完成歌剧的创作后,又相继发表了很多首流传至今的名曲。1799年,贝多芬发表了《第一交响曲》。1802年发表了《第二交响曲》。1804年,他精心创作的《第三交响曲》也完成了。他本想将《第三交响曲》作为讴歌拿破仑功绩的礼物献给他心中的英雄,可是,拿破仑并没有按照他的想法建立民主共和的社会,反而大张旗鼓地坐上了皇帝的宝座。贝多芬感到十分气愤，他心目中的英雄竟是个彻头彻尾的骗子！理所应当的，贝多芬在发表这首曲子时再也没有提到关于拿破仑的任何一个字。

在经历过事业的高峰期后，贝多芬也体味了一把低谷期。在《第三交响曲》发表之后，贝多芬又相继发表了好几部歌剧，可是结果并没有想象中的好评如潮，而是一片此起彼伏的批评声。不过，贝多芬并没有气馁，而是继续高强度地工作。

就在这时，贝多芬遇到了他一生中最为珍惜的友情。在贝多芬将歌德所作的诗改成乐曲后，歌德便和他开始了长期的书信往来。他们互相敬佩，歌德甚至邀请贝多芬去魏玛公国游玩。不久之后，贝多芬启程去魏玛。到了魏玛后，两个惺惺相惜的人终于见上了面。虽然在后来，两人因为志向和看法的分歧而关系疏远了些，但是他们的友谊并没有断裂。

贝多芬的身体状况越来越差，但是他依旧没有放弃创作。之后他又接连不断地发表了不少乐曲。这个时期的曲目有很多是关于鼓舞士气的交响曲，比如《威灵顿交响曲》，此曲一经弹奏，震撼人心。1823年，贝多芬发表了史诗级的曲目《第九交响曲》。

晚年的贝多芬在病痛的折磨下又相继完成了几部不朽的作品，这些作品也是他的绝笔。弥留之际的贝多芬还在忘我地创作，终于在1827年3月26日，他搁下了手中的笔——那支可以谱写出无数不朽乐章的笔。

在他下葬的那一天，维也纳的全部学校停课，以示对他的敬意……

自由主义的先锋——黑格尔

格奥尔格·威廉·弗里德里希·黑格尔（德语：Georg Wilhelm Friedrich Hegel，常缩写为 G. W. F. Hegel，1770—1831），出生于今天德国西南部巴登—符腾堡首府斯图加特一个官吏家庭。德国近代客观唯心主义哲学的代表、政治哲学家。1780 年起就读于该城文科中学，1788 年 10 月去图宾根大学神学院学习，主修神学和哲学。1793 — 1796 年在瑞士伯尔尼一贵族家中担任家庭教师，从 1797 年末至 1800 年在法兰克福一个贵族家庭里担任家庭教师。1800 年到耶拿，与谢林共同创办《哲学评论》杂志。次年成为耶拿大学编外讲师，4 年之后

格奥尔格·威廉·弗里德里希·黑格尔

成为副教授。1807年出版他的第一部著作《精神现象学》。1808—1816年,他在纽伦堡当了8年的中学校长。1816—1817年任海德堡大学哲学教授。1817年,出版《哲学全书》。1818年后任柏林大学哲学教授,并于1829年当选柏林大学校长,并被任命为政府代表,1831年死于霍乱。黑格尔去世后,他在柏林大学的讲稿被整理为《哲学史讲演录》《美学讲演录》和《宗教哲学讲演录》并出版。

黑格尔是德国19世纪唯心论哲学的代表人物之一,他建立了世界哲学史上最为庞大的客观唯心体系,同时又极大地丰富了辩证法。他的主要代表作《精神现象学》《逻辑学》《哲学科学全书纲要》《法哲学原理》,对后世哲学流派,如存在主义和马克思的历史唯物主义都产生了深远的影响。他的哲学无疑为自由主义提供了一条新的出路。黑格尔的著作以哲学的高度几乎涉猎了人类知识的全部领域:历史、自然、法学、伦理……他那广博的知识与深邃的思考,使他的作品至今读来依旧散发着无穷的魅力。

1. 广博而深邃的人生

1770年8月27日,黑格尔出生在欧洲的西部,即德国西南部的巴登-符腾堡首府斯图加特市。这座城市接纳了这个刚刚来到世界的男孩儿。在历史上，有太多的伟人出生在一个无法果腹甚至连保暖都很难做到的家庭，更别提奢侈的欲望——读书。黑格尔比较幸运，他出生于一个小康的官吏家庭。在这里，他衣食无忧地上完小学，1780年起又顺利地进入该城的文科中学读书。在当时，没有任何人可以预测到这个貌不惊人的小孩儿，居然会成为日后推动世界哲学发展与变革的一个时代巨人。

1788年，刚刚成人的黑格尔顺利被坐落于德国巴登—符腾堡州的图宾根大学录取，开始进入新教下的神学院学习。良好的文化氛围加上黑格尔自身格外努力的优秀品质，让出类拔萃的他仅仅花费了2年时间就顺利学习完了所有课程。在大学里，他遇到了史诗诗人荷尔德林、哲学家谢林，并成功地与他们成了无话不谈的人生知己。由于自身的优越条件加上身边优秀朋友的互相鼓励与扶持，很快，黑格尔的天赋就得到了很多人的认同。在大学这样宽松的环境里，他接触了斯宾诺莎、康德、卢梭等思想家的著作，并深深为之感慨。在这些思想的引领下，黑格尔深入研究了法国大革命的始末。善于思考的习惯一直陪伴他并且深深融入他的生命里，为他之后的成功奠定了一定的基础。他与朋友一起对康德及其后继者费希特的哲学思想进行了一定程度的批判。

1793年,他拿到了学校的任职聘书,这是在继博士学位获得之后上帝馈赠给他的另一份礼物,这些奖励都来源于他平时孜孜不倦的努力。同年,他决定离开图宾根,而他选择的一个落脚点是瑞士的城市之一——伯恩。在这里,他遇到了将军卡尔·弗里德里希·冯·斯泰格尔,并且有幸被将军信任,并雇用为私人家庭教师,这样的生活在黑格尔的生命中持续了2年。在将军家中,他接触了大量的弘扬自由主义的优秀书籍,这在很大程度上为他日后的思想研究奠定了一定的基础。而对黑格尔来说,最幸运的莫过于将军也是个自由主义者。孟德斯鸠、格劳秀斯、霍布斯、休谟、莱布尼兹、洛克、马基雅维利、卢梭、沙夫茨伯里、斯宾诺莎、修昔底德、伏尔泰等这些人文巨匠的著作都是思想界的精华所在,黑格尔把它们一一研读,并为其中隐藏的奥秘深深折服。黑格尔后来在哲学、社会科学、政治、经济等方面都有一定的成就,与他这个时候大量地吸收优秀思想家的精髓是有很大关系的。2年任期结束后,将军鉴于黑格尔渊博的学识和勤恳的学习态度,决定为他写一封推荐信。法兰克福的葡萄酒大盘商约翰·诺亚·戈格尔(Johann Noe Gogel)在之后的日子里雇用了黑格尔作为自己的家教。在这里,黑格尔得以继续自己对于经济与政治的研究。

1799年,他的父亲毫无征兆地永久离开了这个世界。

父亲在走之前留下了一笔不少的财产，这样的经济支柱让黑格尔在很大程度上能够继续自己的科研学习之旅。

1801年，黑格尔在耶拿大学哲学系，凭借自己丰富的知识积累以及清晰的逻辑思维，在很短的时间内成功获得了哲学博士和教授资格。这是他人生真正站在讲台上的开始，也是他开始把自己的思想独立输出的开始，在他的整个人生中，都起到了举足轻重的作用。他不再仅仅去追随那些思想家们，而是在之前的优秀作品上，加上了自己的认知与见解。与其说他多么幸运有这样一个学校刚好能为他提供一个传授知识的讲台，还不如说是他自己不断学习才产生了这样让人觉得新奇的火花。在寒冷的冬季，他讲了他人生中的第一堂课，名字为"逻辑与形而上学"。

1805年，黑格尔成功拿到了歌德与席勒的推荐书，这对他的人生起到了极大的助推作用。之后他顺利进入耶拿大学，并成功担任耶拿大学教授职位。第二年，他成功地完成了他人生中的第一部正式作品的初稿，即后来面世的《精神现象学》。此时的欧洲战争处于一触即发的状态。拿破仑带领军队来到这片净土，并成功占领了耶拿城。在无奈之下，黑格尔只好选择逃离。接下来的一站，他选择的是班堡。

1807年，黑格尔的第一部作品终于不再是需要反复修改的文稿，而是变成整整齐齐排列在书架上的一部经典。在班堡生活的这段时间里,他还给《班堡日报》做编辑,体验了一段按时上下班的生活。在这年的一部作品中,黑格尔提及了主从辩证关系。或许是因为本身十分崇尚自由主义的缘故,他指出,拥有奴隶的主人最终都会丧失人的本性,如善良和尊重。他们把自己放在高高在上的位置,只需要发号施令就可以得到自己想要的一切。随着时间的推移,人的惰性慢慢显现出来,而残忍的那一面也会随着奴隶们对于主人的不断让步变本加厉地显现出来,直到主人在奴隶们眼中全都变成了狰狞的面孔。虽然那个时期的黑格尔完全不知道在今天会有机器人的出现,但是在后来的作品里,他甚至论证了人类和机器人的关系。

1808年及之后的8年里,黑格尔接任纽伦堡新教文理中学的校长,在1816年及之后的2年里担任海德堡大学哲学系教授,最后于1818年应聘到当时的普鲁士首都大学——柏林大学哲学系(现在的柏林洪堡大学),接任费希特的教席。

1829年,他开始进行人生中的最后一项工作,担任柏林大学校长,2年后,与世长辞。

2.哲学家眼中的国家蓝图

在今天的人们看来,政治家、思想家、哲学家和德国古典哲学的代表,这些都是附属在黑格尔身上无法被撕下来的标签。在他的作品里,对于德国的哲学完成了有史以来最为系统、完整、丰富的概括与总结。甚至可以毫不夸张地说,他是德国哲学的集大成者。国家、辩证与认识,是支撑他作品的3个支点。

在国家方面,黑格尔青年时代恰逢法国大革命,他极度崇拜法国大革命中的自由精神,卢梭等人的思想对他产生了不可估量的影响。当时德国社会存在残暴专制,再加上民族之间的彼此分裂与纷争,这些都给人民带来了极大的灾难与伤害。而对于黑格尔来说,他想要开始从政治上进行统一,一直延伸到文化领域。让人们从内心开始认可这样的一种哲学,这才是他真正想要的。在他眼里,可以把德意志的民族复兴和文化革命相结合,并通过这种方式,实现国家建立立宪制度的愿望,最终达到理想的社会状态。1815年,拿破仑的战争以失败宣告结束,欧洲的专制势力进行了疯狂的复辟。可能是因为现实环境下专制势力过于强大,也可能是因为黑格尔自我思想的改变,在之后的日子里,他一改往日强烈追求革命的风格,放弃了自己最初的想法,开始转而歌颂现存的普鲁士主义。关于具体原因,在后世的文献中几乎无法考证。而对于之前狂热追求的法国大革命,黑格尔仍然从始至终都高举着赞扬的旗帜。对于那些老旧的保守派的各种行为举止，黑格尔毫不留情地给予反对与批判，个性鲜明地表达出自己的观点和明确目标。

对于一个国家的整体看法，黑格尔在很大程度上继承了康德和费希特的思想精髓。作为一脉相承的德国古典主义学者，他们发出的声音是要用内部的思辨来向世人揭示和宣告国家的本质所在，而不是依据之前的社会契约论从外部的条件入手。国家不是也不应该成为契约订立条件下的产物。

在黑格尔等思想家眼里，"国家"这一概念，不只是在政治社会里的制度，而是应该成为凌驾于人们精神之上的一种被大众完全认可的理念，人们不应该只是知道自己要遵守什么样的规定，更应该明白为什么要这样做。一个人的服从，应该是发自内心的。他要完全地不抵触才能真正愿意服务于这个国家，并且毫无怨言，而这也是成就伟大精神领袖的必要条件。

一个人的价值是在这个国家足够强大的前提下才能够实现的。它能够使多方面的利益平衡统一，例如，自我与他人、个人与社会、特殊与普遍这些在普世里作为对立面存在的事物。在历史的长河中，能够把这种国家观完美实践的莫过于古希腊。其以城邦为主，崇尚贸易，提倡自由以及得到普遍认可的文化。在国家制度方面，黑格尔一直认为最完美的是最原始古老的世袭君主制。这种以血缘关系为纽带的传承制度，得到了黑格尔的强烈认同。在他眼中，王权除了能够代表所有被统治人民的共同意志外，甚至能代表最为大众化的普遍利益。即使到了今天，我们都知道，在西方的资本主义社会里，高速的资本流转下，最高统治者所能代表的也只有统治阶级的利益。权力过于集中在一个君主的手中，这或许是暴政的开始。而所谓的王权理论，其实很容易导致天平的倾斜，这在一定程度上会增加社会的动乱程度。于是，黑格尔在之后的日子里提出了分权制衡理论。这听起来似乎和之前的理论相矛盾，而事实上分权应该是在皇权至上的基础上而提出的附加条件。

在有关行政权方面，黑格尔可以说是行政权论述的里程碑。行政权的实质是执政党依照法律义务行使的权利，应该把这样的权利归属于能够为社会大部分阶级考虑的人的手中，应该把它们变成人们的福音。各种官员的选拔与录用不应该采取世袭的方法，应该让人才流动起来，扩大选拔的半径，以求得更合适的管理人员。黑格尔指出，官吏的选拔应该以才智为标准，这样才能真正做到为民服务。国家应该是一个完整的个体，在任何的条件下，都不应该面临分割与破裂。

有关战争，黑格尔指出战争是争取和平的必要条件。在维护民族意志和国家统一方面，他认为有些民族是具有天生优越性的，如日耳曼民族。一个国家要达到独立,一个民族要自主,就应该是一体的。这种所谓的一个整体不仅仅是我们理解的政治上的统一,更应该是被统治阶级的民众对这个国家主流思想和统治阶级传播观念的高度认同。只有这样,这个国家才能真正成为一个完整的能够包含所有人的国家。

在学校学到的有关神学的知识在很大程度上对黑格尔后来的思想产生了影响,在后来许多神学家都对他思想的继承发展与传播起到了巨大的推动作用。加上他的历史与哲学知识在政治领域的影响,让黑格尔顺利被那个时代列为伟大的人物。甚至在后来科学社会主义的开创者马克思都是黑格尔的信徒。马克思在自己的著作中,毫不避讳地引用了黑格尔的各种思想言论。这足以证明无论是在当时还是后来,黑格尔在世界的思想史上都起到了举足轻重的作用。

他的一生几乎没有过太重大的事件发生,可是没有惊涛骇浪的人生并不代表他就不是传奇。尽管一生都是安稳度日,可是岁月静好的时光反而让黑格尔有更多的时间去思考人类的社会问题、国家的发展问题。在青少年时代,黑格尔疯狂热爱神秘主义。后来有人猜测,或许他独到的见解正是对那些神秘的不为人知的事物进行探究、思考后而产生的思想结晶。黑格尔一生流转在多个大学当老师,这些学校包括耶拿大学、纽伦堡大学、海德堡大学和柏林大学。其实一直到第三个讲课的大学，黑格尔才拿到自己的薪酬。不过，值得称赞的或许是从一开始为人师表到最后离开讲台，他的一生，其实就是为别人讲述哲学的一生。如果这是他的精神追求所在，至少在离开讲台前，他是不留遗憾的。

在黑格尔进入晚年的时间段里，他开始追捧当时的普鲁士社会，成为实行半民主半专制的政治体制的国家的忠实拥护者。和晚年形成鲜明对比的是，他在自己的青少年时期，对于普鲁士有一种深深的蔑视。可能是追随法国大革命的影响，让他在当时对于法国有一种深沉的爱。后来拿破仑在耶拿打了胜仗，尽管这样的结局逼得他不得不离开耶拿，但是他仍然为了法国的胜利而欢呼。或许是年轻时早已对于法国大革命倾注了过多的心血，黑格尔到头来却发现实际上那样的道路在德国是走不通的。

3. 用辩证法看世界

或许是因为黑格尔涉猎广泛，所以他的哲学思想最为晦涩难懂。有关神秘主义，他曾经提出，这个世界是不存在分立的。每个物体都是自己的一个单元，我们是无法用类似于量子或粒子这样的微小原粒来组成的。换言之，我们看到的每一个独立存在的物体其实都不是真实存在的,是我们的脑电波在受到一定干扰的条件下导致我们产生了一种叫作"幻觉"的东西。只有一样东西是真实存在的,那就是全体。更让人觉得无法理解的是全体并不是一个可以看得着、摸得到的实体,它仅仅是一个代词。这是一个复合的系统,在这个系统里存在万事万物,它们都汇总在全体里。在这个观点上,凸显出了他与巴门尼德和斯宾诺莎的不同。在与黑格尔有分歧的这些哲学家看来,构成这个所谓全体的万事万物中,并不是全部都可以用"幻觉"两个字一概而论,那些物体或多或少都是有一定的存在性的。或许在我们今天看来,那些物体不论大小、形状甚至材质,至少它们都是真实的,以及存在于同一个空间维度的。而在当时,这就是值得各大科学家争论的问题。在当时,有人提出,无论我们能看到的是什么,在物体上的实在性或许可以归结在全体里。但是这样的解释,并不能够成立于时间和空间。如果我们都认为时间和空间是实实在在存在的,那么必然存在的时间和空间就应该同时具有分立性和多重性。当然,各种想法都来自黑格尔青年时期超乎常人的洞察力。至于后来被世人奉为真理的教条,都是在他后来不断改进的哲学著作里才有的。

　　黑格尔在其《法哲学原理》的序言中说:"凡是合乎理性的东西都是现实的,凡是现实的东西都是合乎理性的。"（商务印书馆1961年版）在此之外，他还提出凡是经过多次尝试得出的经验演变而成的事实，都是合理的。站在把每一个事实当作全体来看待的角度，才能看到它存在的合理性。只在一定程度上把事实和合理放在一起，这也就在一定程度上体现出了黑格尔对于自己成就的过度自信。

全体，是一个包含"所有"含义的名词，并且具有复杂性、全面性等特性，黑格尔把这称为"绝对"，而"绝对"这两个字本身就是精神层面的。

辩证就是双方进行辩论，在这个过程中不断寻找对方的缺口，以达到把矛头对准矛盾，最后再解决问题的目的。

在黑格尔哲学思想发展和变化的理论基础上，18世纪末19世纪初出现了辩证发展的理论，这种思想观点提出后很快就席卷欧洲。整个世界在历史和精神方面都是在不断变化、发展中改造的，而存在于事物内部的矛盾其实就是事物本身的运动和发展所遵循的轨迹。这样的一种思维方法不断运用到概念的阐述、逻辑的分析和认识上。

黑格尔的思想是独一无二的存在。在形而上学方面，有与黑格尔持类似观点的思想家，不过他们的观念又是不同的。一个明显区别体现在黑格尔更加注重逻辑，如果一个物体可以被称为实在的，那么它自身不会是自相矛盾的事物。而另一个显著的特征则鲜为人知，即辩证法的三元运动。

事实上，在后来的很多命题里，黑格尔并没有完全地解释辩证法，而是把它隐藏在自己的体系之中。从某种程度来说，黑格尔的思想是中西结合的产物。在西方的哲学思想与中国道家思想的影响下，黑格尔在后来的一部著作中甚至留有专门的章节来探讨"道"和"无"。我们也可以理解为在西方无法找到足够理论来表达自己观点的时候，黑格尔把目光投向了东方这个古老而神秘的国度——中国。在这里，他在知识的海洋中邂逅了老子，并且将道家思想文化的精髓与自己的思想主张完美结合。

老子在中国历史上有个著名的观点，即"三生万物"。而这样的思想正是通过黑格尔不遗余力地引证才得以让欧洲人熟知。在黑格尔的思想中，每一个命题，都要从三个角度来考虑，即正、反和三维形式。解读的时候再把它们分成三段。而他自身的哲学研究成果，也没有逃脱掉这个奇怪的定律。他的哲学思想整体分为三部分，每一个部分分别论述三个论题，以此类推，每个论题也用三段分析法来研究，最后再分三步向人们解释与说明。

按照黑格尔的说法，一个物体在发展过程中，是不断改进、不断去旧革新的。在所有的元素中，其实每一个都有一个适当的位置，这样整个物体才能以合理的状态存在。但是如果不去经历辩证这个阶段，没有任何事物可以达到真理。事实上，辩证就是在追求真理的过程中不断接近，最后抵达真理的过程。

马克思在继承黑格尔辩证法的前提下，建立了辩证唯物主义和历史唯物主义。通过了解社会发展的因素，找到推动社会发展的历史方面的因素，最后确定社会发展的必经过程。这个追寻的过程，就是所谓的辩证。

如果把认识当作一个完整的整体来对待，那么它一定具有三元运动的特征。首先，我们对于物体要有一个初步的感受，这个感受的最终来源是我们的感官，我们通过感官产生知觉，最后再通过我们的大脑产生意识。那换一个角度，我们也可以理解为，这些认识的最终目的不过是成为我们的自主意识。

在漫长的时光旅途中，伦理和逻辑从来不是可以被轻易区别开的，它们之间存在着互相依存的关系。

在很长的时间段里，人们都对黑格尔的思想持有褒贬不一的态度。尽管在历史的长河中有些东西是不断被淘汰的，可是总有流传下来的。作为一个时代的思想巨人，他无论对于当时还是今天的思想界都产生了不可估量的影响。几乎任何一个学派都可以对黑格尔留下的辩证法进行借鉴与批判。不过显而易见的是，一直到今天，还是没有一个人能够完整地给出一个关于黑格尔的评价。

今天，人们把黑格尔的辩证法运用于哲学、科学、艺术、政治、宗教和历史等方面，给人们的逻辑思考甚至生活都带来了翻天覆地的改变。

有人说，黑格尔可以被称作历史长河中最后一位能够把哲学体系进行集大成的人。在他之后，再也没有一个人能够把哲学概括成无所不包的样子，他的功绩在历史的画卷中留下了浓墨重彩的一笔。他的作品几乎被世人运用到各个方面，历史、自然、法学、伦理……甚至在今天，他的作品也产生着重要的影响。

4.思想的迸发

自古以来人们对于自由的定义都是五花八门的，就像是青春期叛逆的少年追求自我而刻意夸大外面世界的美好，又或许是监狱里正在服刑的罪犯们渴望那个大铁门外的阳光世界。在恒久的历史长河中，自由可以是一个人的口号，也可以是一个民族甚至一个国家的口号。它有可能想要推翻的是统治阶级的压迫，也有可能是对外族入侵甚至是种族残杀的反抗。而对于黑格尔，则应该保持具体分析的态度。在大体上，他传承的是康德的堪称严苛的世界观。而在彻底了解黑格尔的自由观之前，或许该真正了解当时在柏林盛行的、在西方占据主流文化的自由主义者的自由观。他们认为，如果在他们随心所欲地想要做最喜欢的事情，人们不会干涉他们的决定，或者强迫他们做不愿意去做的事情的时候，他们最起码在这个时候可以被称作自由的。然而，在黑格尔的眼中，这种自由观不过是一种形式，而实质上，人们是得不到自由的。在黑格尔的眼中，这种自由观的拥有者，他们站在制高点，却从来不去追问，当做出一个决定，从不探究到底是以怎样的态度、怎样的方法而做出了自己目前的这种选择。

在黑格尔的认知里，我们是独立的个体，我们不用理会来自任何外部的威胁，我们做出任何决定都来源于我们自身欲望的驱使。我们做出任何决定或者任何选择的时候都可以不受社会环境的左右，而有能力主宰自身的命运，可以为自己的选择担当，做到这些，我们才是真正自由的。

当然，在这个阶段，所有人都认为黑格尔的自由观是毫不切合实际的，因为我们每一个人都是这个庞大世界中的一个小部件，我们不可能逃离世界这张网而独自生存。人类一直以来就是因为是群居动物才在千百年的进化中战胜其他体格强健的生物留存至今。我们作为站在食物链最顶端的物种，正是因为金字塔的底层基础才得以屹立不倒。那么假使我们现在顺从黑格尔的想法，我们拥有所谓的自由，但是这种自由的前提居然不包括在社会和历史引导下的行动自由，试问，在这样的自由下，其真正意义又是什么呢？

在黑格尔的观点中，在这个自然和社会的保证下，在人能够拥有绝对的精神自由的前提下，历史的车轮就一定会滚动直至一个特定的目的地。

对于黑格尔观点的解释，有人提出了这样的见解，在客观世界处于一种井然有序的状态时，人们各司其职，各种资源被合理地分配，人们行动的唯一准则即是自己的良心标准。人们可以根据自己的道德认知行事，选择与法律允许范围内相契合的事情来做。在这个每个人都无比理性的世界里，一个人在精神上选择真正地无条件支持和服从国家。而黑格尔认为，这些现象的根源是每一个人都是发自内心地认为这个社会的准则是正确的。并且可以毫不夸张地说，人们从这种认同和支持里选择了个人的自我满足和实现自我价值的感受回报。而在所谓的历史发展的终点，自由将不再受到任何现有条件的约束，无论是怎样的社会体制都无法再对个人偏好的选择产生任何影响，因为每一个人最终做出的选择和这个社会从根本上是相一致的。而在这个时刻，黑格尔所提倡的自由观将成为现实，世界的历史也将经历无数波折，最后顺利地抵达它的最终点。

可是当今天的我们回顾历史时，就会发现黑格尔留给这个世界的哲学并没有做到当初想象中的样子，人类的历史也没有走向最终点，我们依然或者可以说是更加需要道德之外的因素来约束我们。因为每一个人都会犯错，如果良知能够真正地让这个世界实现完全的正义，那么法律早就消失了。存在于这个世界上的就是合理的，这也是黑格尔说的。所以法律能够经历人类社会的几代变迁非但没有消失反而更加完整地鲜活地存在于这个世界上，存在于我们的身边，自然它是能够被世人认可的。中间的波折直到今天都让人感叹不已。100多年来，世界各地都激起了无产阶级的革命运动，它好像是历史旁生出的枝丫，却让人觉得一点都不突兀，好像这样的一种革命的爆发是顺其自然很容易就被人们接受的事情。

想象一下，如果黑格尔生活在今天，他会做出怎样的评价？作为生活在21世纪的人类，我想我们有足够的理由理解黑格尔曾经描述出的个人利益与社会利益的一致性理论。

事实上，在经历了众多实践之后，我们都明白黑格尔所描述出来的不过是一种理想化的状态。社会是由无数个人构成的，我们想要做到黑格尔所说的自由，就必须使所有人的利益都达到绝对的一致，这是根本不可能的。但是这种不可能并不会妨碍我们把黑格尔推崇的自由当作一种理想，借此来指引我们在提高人类生活幸福度的漫长征途上前行。

在伟人身边的，自然不是寻常的女子。玛丽·冯·图赫尔，是黑格尔妻子的名字，她来自纽伦堡的贵族家庭，这个美丽的女子有着良好的家庭条件和很好的教养，让黑格尔深深地沦陷在了她的温柔里。一直到今天都被人们津津乐道的是他的妻子足足比他小了20岁的年龄差。尽管年龄上存在很大的差距，可是他们仍然选择冲破世俗，生活在一起。这在当时，或许被认为是爱情的力量，对于黑格尔而言，我们或许可以把他在爱情和婚姻上的追求和他一直追寻的自由主义理想联系起来。

黑格尔刚刚决定追求他的妻子的时候，他的老丈人其实是不同意的。但是黑格尔坚持不懈，把用在科学研究上的钻研探索精神花费在了讨老丈人的欢心上，最终抱得美人归。

1811年9月，黑格尔与玛丽·冯·图赫尔完婚。双方都十分珍惜这段感情，他们的感情一直非常好，生育有多个子女。

你听说过黑格尔，这并不代表你能真正明白他。事实上，这是完全不同的两个概念。不要妄想只是通过只言片语和哲学家们的简短评价就能真正地了解他。真正了解一个哲学家，有时候你不得不承认，是需要悟性的。

19世纪的德国，各种文化思想纷纷兴起，甚至迅速繁荣。各种各样的声音层出不穷，弥漫在欧洲上空的是启蒙运动许诺给人们的自由与平等。而作为世界上一直以来对立的两大思想主流，唯物主义与唯心主义，黑格尔毫不犹豫地选择站在唯心主义的阵营里。他坚信人的意识在本质上拥有操控一切的能力。虽然他出生的年代在康德之后，可是这并没有对他的哲学成就产生太大的阻碍。

1831年11月14日，黑格尔离开了这个世界。在去世时，他已经成为柏林大学的第一掌门人。而他的工作所在地，也成为他在这个世界上最后的弥留之地。

在今天的许多人看来，黑格尔的思想，可以称作19世纪德国唯心主义运动的最高点，这或许是后人为了表达对伟人的敬意而对其作品作出的高度评价。

从一定角度来看，黑格尔的思想同时兼具了自由主义和存在主义。在当时的很多人眼里，要发展自由主义就必须承认人的价值。这样的观点在今天这样发达的社会看来，当然是没有什么值得怀疑的，可是对于当时的人们来说，自由主义想要发展，前方的阻碍重重。而黑格尔主义在文化界的出现，毫无疑问为那些一直以来追随自由主义的人开辟了一条新的道路。

超凡脱俗的浪漫诗人——歌德

约翰·沃尔夫冈·冯·歌德（Johann Wolfgang von Goethe，1749—1832），出生于美因河畔法兰克福市（位于今德国黑森州）一个富裕的市民家庭，从小受到妈妈的呵护，培养了他对文学的兴趣和理解力。从1765年10月至1768年8月间，歌德在莱比锡学习，其间出版诗集《安内特》。他在1773年写了一部戏剧《葛兹·冯·伯利欣根》，从此蜚声德国文坛。1774年发表了《少年维特之烦恼》，更使他名声大噪。1776年开始为魏玛公国服务。1831年完成《浮士德》，翌年在魏玛去世。

歌德是德国著名思想家、作家、科

约翰·沃尔夫冈·冯·歌德

学家，是魏玛的古典主义最著名的代表。歌德一生跨两个世纪，正当欧洲社会大动荡、大变革的年代。封建制度的日趋崩溃，革命力量的不断高涨，促使歌德不断接受先进思潮的影响，从而加深自己对于社会的认识，创作出当时最优秀的文艺作品。而作为诗歌、戏剧和散文作品的创作者，他是最伟大的德国作家之一，也是世界文学领域的一个出类拔萃的光辉人物。恩格斯说过："歌德有时非常伟大，有时极为渺小。"歌德作品传入中国大概是在清末戊戌前后。1922年，郭沫若全译的《少年维特之烦恼》正式出版，其后他又陆续译出《浮士德》。歌德的作品对中国启蒙运动发挥过积极影响。新中国成立后，随着中德文化交流的发展，歌德及其作品像一颗闪烁的明星，在中国放射出愈加灿烂的光芒。

1. 从小被关怀和宠爱

在德国的西部有一条异常美丽的河流，时而笔直，时而蜿蜒。河流流动时在阳光的照射下闪耀着一圈一圈的光晕，平静时又像一条透明的丝带一般，美丽而动人，这条河叫作美因河。在河流的两侧，坐落着一个美丽而又繁华的城市，叫作法兰克福。这个地方就像它的名字一般令人向往，吸引着无数的人们前来。

他们或在这里寻找灵感，或在这里享受生活，感受着这个城市的多姿多彩。这个城市得益于它的交通，因为跨河而建，所以它的交通异常发达，往来船只络绎不绝，一时成为交通和经济的枢纽。

1749年8月28日，多情而富有才气的诗人约翰·沃尔夫冈·冯·歌德就出生在这里。歌德的祖父是个手工业者，经营着一家裁缝铺，在他的妻子去世后，娶了一位漂亮的寡妇。寡妇嫁过来的时候，带来了巨大的财富，是她前夫的遗产。这笔遗产是一幢坐落在市中心不远处的豪华旅馆，这个旅馆也给祖父往后的生活带来了巨大的改变。夫妻俩共同经营这个收入颇丰的旅馆，养育着儿女，过着安逸而又舒适的生活。不久后，夫妻俩又迎来了一个新生命，就是歌德的父亲——约翰·卡斯佩尔。因为善于经营并且这些年积攒了不少财富，夫妻俩才得以给他们的儿子卡斯佩尔营造优越的生活条件，并顺利地支撑他念完大学。卡斯佩尔大学念的是法律专业，并通过努力获得了博士学位。毕业后的他因为一时没有找到适合自己的工作，过了一段闲适的日子后，便开始游历各地。他去过维也纳——著名的音乐圣地，也走过水城威尼斯，游览过庄严而又不失活力的罗马，他甚至用意大利语写了一本叫作《意大利游记》的书。回到家后的卡斯佩尔重新审视自己的专业，开始编纂法兰克福的法律史。卡斯佩尔还趁着皇帝来到法兰克福举行加冕仪式的时候（在德国历史的很长一段时间内，皇帝都会在法兰克福加冕），奏请皇帝为他授予了一个高贵的头衔——皇家顾问。

因为地位的显著提高，不久后，37岁的卡斯佩尔便迎娶了市长的掌上明珠——一位年仅17岁的妙龄少女。1年后，他们便迎来了第一个儿子，这个孩子便是后来声名大噪的歌德。毕竟是第一个孩子，歌德的父亲和母亲对他百般疼爱。在歌德的印象里，母亲一直是天真烂漫的性格，会无边际地宠爱歌德，也会在哄歌德睡觉的时候，小声地与歌德说着各种各样、绘声绘色的小故事……这也为歌德以后的才华横溢奠定了基础。而据歌德描述，他的父亲对他却不是无止境的宠爱，而是慈祥中带着严厉，苛刻中又带着关怀。

歌德在这样的家庭环境中生长，丰衣足食，又有着父亲的书籍陪伴，自然而然地增长了许多知识、阅历和才情。歌德在回忆童年的时候曾感慨地说，他仍然记得父亲的那些关于罗马的风景画。这些画，陪伴了他整个童年。在他的房间外面，有些不同的树木，年年抽出新芽，长出繁茂、绿色的树叶，又年年准时地在冬季落下片片黄叶。透过房间的窗户，歌德可以看到树木在一年四季中发生的改变，也可以看到秋日的树上结满果子时的温馨景象，令人不由自主地露出笑容，露出心满意足的表情。

童年的种种经历都对歌德以后的发展产生了巨大的影响，包括法兰克福的每条街道，或是街道深处的每条巷弄，或是那条街道拐角处富有法兰西风情的咖啡馆，抑或是那里的一座庄重而古朴的教堂……这些都在年幼的歌德心中埋下了深深的难以忘怀的印象。法兰克福温柔的风，缓缓流动的清澈的美茵河水，午后温暖的阳光，还有每条富有人情味儿的巷弄，都让数年后的歌德在回忆往事时会不知不觉地露出诚挚的微笑，也给了歌德无尽的诗意与联想。

歌德8岁起便开始作诗。那时所作的诗虽然还很稚嫩，但也为他以后在文坛大放异彩做了很好的铺垫。年幼的歌德善于观察，在他的眼里，一朵花、一片叶、一株草都是有灵性的存在，他甚至还可以心血来潮为这些小小的生灵即兴赋诗。在他的世界里，一切都是充满诗意的，一切又都是美而自然的。在小小的歌德心中，那些鸟、那些花儿或是那些街道，包括街道旁的邮箱，都可以成为他描绘的对象，都可以为他的生活增添色彩。

歌德小时候，有一次，他非常敬爱的祖母找一帮人演了一出精彩的木偶戏给他看，从此歌德就爱上了木偶戏。每次观看木偶表演时，歌德都会被剧情吸引。有一次，歌德在木偶戏院看到了正在演出的浮士德喜剧，顿时陷入了剧情中，他为剧情所折服，为主人公的喜怒哀乐而开心流泪。

这时的歌德已经露出了他的些许才情。他经常会和小伙伴们一起去河边或是古城墙上，这些地方都会给他带来灵感。少年歌德曾经虚构了一篇小说，当他拿给父亲看的时候，获得了父亲的褒奖，这也给了他信心继续再创作，在文学的道路上绽放自己的光彩。或许受到父亲的影响，歌德也希望自己能在文学这个领域一展拳脚，发挥自己的才能。

在歌德7岁那年，德国和法国之间爆发了战争。在歌德的家乡法兰克福，驻扎着大量的法军，而歌德家也被迫给一个法军的杜伦伯爵提供住宿。歌德也曾写过关于这场战争的故事。他说因为这场战争，他对芸芸众生都产生了蔑视和抵触的情绪。因为他在这场战争中看到了大量掩藏在绅士嘴脸后的虚假面孔，看到了大量文质彬彬的人转脸就是另一副丑恶的嘴脸，直到后来很长一段时间之后，歌德才渐渐走出这种情绪。可见战争给年幼的歌德带来的负面影响之大。而此时暂住在歌德家的杜伦伯爵因为看到了歌德家的一些画作后，邀请法兰克福有名的画家齐聚歌德家，画家们整天在一起讨论，一起创作。歌德有时也会默默聆听他们的对话，会感受他们每句话的力量，会研究他们在讨论到面红耳赤时的表情。歌德在这段时间里，也算是受益匪浅。虽然歌德最终没有成为一名画家，但是他在画作上的造诣还是不得不让人佩服的，至少在理论上，也算是精通。这都得益于他从小的见识，以及受到杜伦伯爵邀请的画家的影响。

那时正是西方世界对外扩张的时期，法国和德国两国因为利益关系各怀鬼胎，这场战争没有正义与非正义的区分，法军的到来还带来了精彩绝伦的表演艺术，这些成了歌德后来深深迷恋法国戏剧的根源。据说当时一票难求，而歌德的外祖父是法兰克福市的市长，歌德才不会因为得不到票而错失一场精彩无比的演出了。长此以往，歌德渐渐对戏剧产生了极大的兴趣。每逢有法国戏剧演出的时候，歌德总是缠着外祖父要来入场券之后便急匆匆地赶往剧场，生怕晚一步就错过了无比重要的剧情。那时剧院常常出演卢梭和狄德罗的作品，所以歌德也间接地从一些大师的戏剧作品中汲取到许多知识，这也为他以后的创作提供了丰富的养料。

久经熏陶之后，歌德也想自己创作戏剧，于是便开始下笔创作剧本。结果没过多久，歌德果然创作出了一部剧本，虽然不是很成熟，但是这是歌德创作道路上一个很好的开端。父亲看到儿子真的因为看戏剧而收益颇丰，也就不再阻止儿子去看戏剧了。父亲经过深思熟虑后，觉得儿子光对文学感兴趣还不够，遂又为歌德寻找家庭教师，专门教授他琴艺。歌德学得还不错，父亲也颇为满意。之后，歌德又被父亲送去学习剑术和骑术之类的诸多技能。

2. 多情才子的烦恼

受到父亲和家庭教师的教育，歌德学习了骑术和击剑，但他对文学的兴趣更深厚。14岁时，他就想参加一个田园诗协会。

在渐渐长大的过程中，歌德也不免有暗生情愫的时候。在被父亲送去学习骑术、剑术的时候，歌德常常和三五个好友一起前往附近的酒馆去小酌几杯。在这个酒馆里，有一位姑娘，生性活泼，漂亮而不失性感，她叫格丽琴。歌德第一眼见到她时便爱上了这位酒馆女郎，几乎要为之疯狂。歌德开始写大量的情诗，意图博得女郎的好感。他没日没夜地创作，为的就是讨女郎的欢心。他甚至一有空便到酒馆里，去看看他那日思夜想的心上人，有时想到她甚至整夜都不合眼。可是还没等到女郎表态时，歌德却等来了警察的逮捕。毫不知情的歌德自然想不到他为格丽琴写的情书居然被不法分子拿去做坑蒙拐骗的勾当。歌德既生气，又伤心至极。气的是怎么会有如此无耻之人拿着别人的情书去干坏事，伤心的是格丽琴对他竟没有丝毫同情，她可是他第一个爱慕的女人啊。伤心欲绝的歌德突然十分想离开这座带给他伤心痛苦的城市，他不想再在法兰克福多做停留了。

因为歌德一家在法兰克福有着不小的名气，出于对颜面的考虑，1765年9月30日，歌德16岁时离开法兰克福，被父亲送到莱比锡大学学习法学。

来到莱比锡的歌德，在最初的喜悦惊奇之后，很快就发现这个城市有诸多令他不满意的地方。他看到了因为城市繁华而带来的人心浮躁，也看到了在各式各样的建筑里透出的不是活力而是呆板。一时之间，歌德对这个地方产生了厌恶的心理。在大学里的生活也不是很顺利。当歌德进入学校后，他发现教他的教授一个个都摆足了架子，教的却是歌德早就熟练掌握的知识。歌德认为他在一开始的时候根本没有学到任何实质性的东西，这让歌德感到很是厌烦。从此之后，他对大学生活就没有了以前那般憧憬，取而代之的是厌烦和失望，他甚至用作诗来表达自己的不满情绪。在这段时间里，歌德经常会在寄给家中的信或是与朋友的书信中用作诗来表达自己内心无处控诉的、长期压抑的强烈不满。

尽管歌德对部分教授怀有不满，但他还是认识了一些不错的老师和朋友。歌德在莱比锡学习，听了作家盖勒特的诗艺讲座，并参加了他的写作风格练习。

同时他也接受了绘画课程。也就是在这段时间里,歌德遇到了他人生中第二个喜欢的女孩——安娜。安娜是歌德经常去吃饭的一家饭馆老板的女儿,每次歌德到来的时候,她总是殷勤地为歌德服务。不久之后,两人就水到渠成地在一起了。恋爱中的歌德也不似之前那般消极了,他开始重新审视周围的环境,这次是带着善意的目光在审视。就这样,歌德与安娜甜蜜地度过了2年欢乐的时光。他在欢乐、轻快的诗句中,以洛可可风格传统歌颂了这段爱情,写下了诗集《安内特》(Annette)。可是,这段感情没有维持太久。有一次,歌德硬撑着抱病的身体去探望安娜,突然发现安娜和一个陌生男子在亲热交谈。歌德顿时按捺不住了,结束了他与安娜之间长达2年的感情。不久之后,歌德就因大咯血病倒了,1768年8月他回到家乡,待在家中慢慢地调养自己的身体。在家养病的这段时间,歌德的母亲经常会请她的一些朋友来开导歌德,其中便有一位和歌德聊得很投机的女士。她常常开导歌德,慢慢抚平他烦躁的心绪,使他平静下来。这位女士给了歌德很大的帮助,歌德在往后回忆的时候还是会想起这位曾经给了他莫大鼓励的友善的朋友。

在歌德痊愈之后,他再次进入大学继续未完成的学业。不过这次,是另外一个学校——斯特拉斯堡大学。之后,歌德便开启了与在莱比锡大学中完全不一样的人生。在这里，歌德体会到了学习的快乐和真谛，收获了无数的友情，也认识了不少知识渊博的教授。这样的生活，或许才能真正满足歌德对于大学的一切憧憬和希望。

在丰富的大学生活中，歌德不仅仅局限在法律这一领域内，他开始博览群书，开始接触他从未涉足的领域。在大学中，光是诗歌的研究领域就有好几种。他不是通晓皮毛，而是深入地研究。歌德先后研究过的有自然科学、医学、哲学和神学，甚至史学，歌德都有涉猎。可见歌德的研究范围之广、强度之大了。

怀抱希望的歌德在这段时间结识了不少有相同志趣爱好的朋友。其中，名气最大并且对歌德影响最大的便是赫尔德了。赫尔德给了歌德很多的指导，他常常与歌德谈论诗歌，使得歌德心中关于创作诗歌的熊熊希望之火又燃烧了起来。虽然根据歌德的描述，他与赫尔德的相处不甚融洽，他将赫尔德形容为善良的易怒者。但是赫尔德对歌德的帮助和指导，歌德却一直铭记在心，并一直怀有感激之情。

不久之后，歌德遇到了在他生命中留下绚烂色彩的人。有一次，歌德跟随朋友到学校附近的农郊去拜访一位牧师。这位牧师十分热情好客，款待了歌德他们一行人。但是当牧师的两个女儿出现的时候，任何事情在歌德的眼中都变得不重要了，只剩下他面前的两个如星光般灿烂的少女。歌德完全被她们吸引住了，以致旁人说了什么，他根本没有在意去听，甚至，他什么也没有听到。歌德看上了两个女儿中的一个，叫弗里德里克。但是这段感情最后也是无疾而终。歌德当时的心思我们无从知晓，但是这个少女一定给歌德留下了深刻的印象，并且使他念念不忘，以至于后来歌德某部作品的创作灵感都来源于这个自然、美好、如星光般熠熠生辉的女子。

歌德继续日复一日不停歇地渴求着知识，似乎到了忘我的境地。他研究着各个领域的各种问题，与朋友探讨，听教授解惑，歌德的生活异常充实。转眼就到了毕业的时候。歌德上交了他精心准备的论文，论文的内容涉及大量与教会有关的内容，却与他的法学专业大相径庭。所以校方并没有通过歌德的论文，歌德只能重新再赶工完成一篇新的论文。最终，歌德成功从学校毕业，带着一肚子的知识储备和满腔的热血走出了校园。从此，歌德开启了人生新的篇章。

而歌德的感情如同他的才情一般丰富，止不住地喷涌而出，热烈而又率真可爱。1772年，歌德听从了父亲的建议去韦茨拉尔法院做实习生。就是在韦茨拉尔，歌德遇到了优雅与美貌并存的女人——夏绿蒂。他们是在舞会上邂逅并相识的，他们都对彼此抱有好感，但是有一个巨大的问题横亘在他们中间，那就是，夏绿蒂是一位已有婚约的女子，他们之间根本不可能结出爱情的果实。可是歌德就是忘不了这位让他感到惊艳的女子,满脑子都是这个女人的身影。他也常常懊恼，为什么早一点遇到夏绿蒂的不是他呢？为什么上帝如此对他？为什么既然让夏绿蒂已缔结婚约却还让他遇见呢？歌德自己也不得而知。最后，歌德带着无比的怅惘和悲伤的心情离开了这个城市。离开夏绿蒂的这段时间里，歌德又遇到了一位女诗人的女儿。这次是在机缘巧合下认识的。因为工作需要，歌德拜访了一位女诗人，恰巧邂逅了她可爱纯真的女儿。也许这次真的是纯洁的友情，因为不久后这个女孩便嫁人了。这让歌德十分难过。知己或是朋友都不在身边，刚结交的一位在思想和心灵上都能合得来的朋友，却又马上嫁与他人了。往后与她讨论聊天的时间想必会越来越少，这让歌德十分忧伤。

在接二连三的打击下，歌德感到了一种沉重的无力感，他在百感交集的情况下开始着笔《少年维特之烦恼》。他把自己这些年来的感受，所经历的遭遇，所看到的种种景象，都用自己最熟悉的文字表达出来。他把自己的感情糅合进了书中，书中的人物带有和他一样的多愁善感，和他一样敏感的心灵，和他一样是个多情又深情的青年。歌德似乎是以自己为原型进行此书的创作,他把对夏绿蒂的感情写进书里,把自己纠结、无奈、彷徨,对感情的无助,想抑制却越来越汹涌滂沱的感受揉碎在每个词的背后,把自己的心酸完全地表达出来。歌德对夏绿蒂的情深似海,对她的求而不得,对她的日思夜想都在这本书中表现得淋漓尽致。

这时的歌德已经有一定的名气了。在出版《少年维特之烦恼》前,他已经在酝酿一部将来会轰动文坛的著作了,那就是《浮士德》。他的创作往往是随性而为,随感而发。不论是在清晨小草上的露珠,还是黄昏残阳边上的晚霞,闪烁整个夜空的星星,晚上抬头看到的一轮鹅黄色的新月,都可以给歌德带来创作的灵感。而歌德不论在什么时候,如果有感而发,定会拿起笔用他动人而深刻的文字记录下所观所想,记录着他随时涌现的才思。那些跳跃在他笔尖的文字符号,他都一一记录,一一编排,最后完美地展现。歌德的才气与他丰富的感情经历不相上下,他的感情丰富而真挚,他的文字饱满而缱绻。他从那个时代被追捧至今,不光是因为他灵动的文字,更是因为他那饱满的人格,他那时流露出的真情实感,还有那掩藏不住的微红的脸庞。

终于,在历经长时间孤独的形单影只的生活后,歌德再一次遇到了他的意中人。这次他的意中人并不被大家看好，因为这次他选择的是一位年仅17岁的少女。这少女显然和他的年龄差距过大，可是这些都没能阻止歌德和心爱的人在一起，他们度过了许多甜蜜的时刻。可是迫于各方面的压力，歌德最终还是没有勇气和那个少女走到最后。他放手了。或许，这也是他新的开始。

3. 从政客回到文人

歌德在挣脱了感情的束缚后，于1776年离开家乡，随同魏玛公国的使臣一道来到了魏玛公国。在这里，他将体验一种全新的身份，并从此开启不一样的人生。而公国当时的掌权者是个刚刚从母亲手中接过大任、年满18岁的青年公爵。可是，仅凭刚见的第一面，歌德就对他评价甚高，认为他一定可以担此大任，带领公国走向辉煌。歌德似乎很满意这位青年上位者，经常与他一同讨论文学，讨论各种各样有趣的事情。他们甚至互相引为知己，一起相约尝试各种刺激而又有趣的活动。公爵显然也很信任歌德，不久之后，歌德参与公国的各项政治事务，也相继被授予各种职位。

歌德一直兢兢业业、小心翼翼地处理各项事务，唯恐一个不留意铸成大错。毕竟和其他人相比，歌德算得上是政治上的"黄口小儿"。之后歌德在魏玛公国尽心尽力地工作了十数年,一直遵循着法律和基本的道德准则,从不逾矩,也从不偏私。可以说歌德在从政的这些年一直保持着他文人的清高与耿介。

歌德在从政期间还遇到了一位非常投缘的夫人。这位施泰因夫人温柔大方,体贴善良,引得歌德对她另眼相待。这位夫人有着平淡的性格,光风霁月,淡雅如菊,沁香如兰。歌德与她一直保持着纯洁的友谊。为了他们互相了解、互相支撑的友谊,歌德还特意写了一首诗来纪念他们的友谊。

好景不长,1年后,传来了他妹妹病故的噩耗。他与妹妹仅相差1岁,他们从小一起玩耍,一起睡觉,一起仰望同一片星空,一起在同一处屋檐下避雨。这对歌德来说无疑是个不小的打击。公国日复一日毫无新意的工作似乎也成了歌德的负担,压得他喘不过气来。幸好有这位施泰因夫人的陪伴,歌德渐渐走出了阴霾。

之后,歌德渐渐地觉得从政束缚了他在文学和科学领域的发展,便出人意料地辞去了职务,云游四方去了。1786年6月歌德前往意大利,专心研究自然科学,从事绘画和文学创作,陆续完成了《在陶里斯的伊菲格尼亚》和《哀格蒙特》等作品,也写了《塔索》和《浮士德》部分章节。在魏玛,只有他亲密的侍从兼秘书赛德尔知道他此行的目的地。到了罗马，他感受到了罗马的庄严肃穆。回到魏玛公国后的歌德渐渐有些无所适从，他太喜欢意大利的风土人情了，其他的在他眼里都一文不值。

1788年歌德回到魏玛后只任剧院监督，政治上倾向保守，艺术上追求和谐、宁静的古典美。1794年与席勒交往后，随着欧洲民主、民族运动的高涨和空想社会主义思想的传播，他的思想和创作也出现了新的飞跃，完成了《浮士德》（第一部）等代表作。

歌德一直保持着旁观者的姿态，可是在战争面前，谁又能得以幸免？幸运的是，在这场战争中，歌德终于遇到了他的真爱，一个一直陪伴在歌德身旁，可以同他共患难的女人。在熊熊的炮火和硝烟弥漫的废墟中，歌德与克里斯典娜举行了庄重圣洁的婚礼。

晚年的歌德不再理会那些曾经令他无比苦恼的政事，专心致志地从事他的科学研究和文学创作，取得了很大的成就。1825年，歌德又开始创作《浮士德》（第二部），这是他儿时便许下的诺言，他一直记在心中，头脑中儿时看的戏剧画面还依稀浮现……

1813年10月，歌德把兴趣集中到了遥远的中国。他先后在图书馆借阅了十多种有关中国的书籍，其中有中国游记和中国哲学方面的著作。他通过英法文译本读了一些中国小说和诗歌，如《好逑传》《玉娇梨》《花笺记》《今古奇观》等。他一直想把《好逑传》写成一部长诗；读过《赵氏孤儿》之后，受到启发，他又计划写一部戏剧。1827—1829年，他便写了14首名为《中德四季晨昏杂咏》的抒情诗，抒发了他对东方古国的憧憬。通过接触中国的文学作品，歌德从中看到人类共同的东西。他在同助手爱克曼的谈话中阐述了他对中国的理解："中国人在思想、行为和情感方面，几乎和我们一样；只是在他们那里，一切都比我们这里更明朗，更纯洁，更合乎道德……"他从中国文学谈到德国文学与法国文学，进而提出了"世界文学"这一全新概念。他说："我越来越深信，诗是人类的共同财产。世界文学的时代已快来临了。现在，每个人都应该出力使它早日来临。"值得一提的是，20年后，马克思和恩格斯在《共产党宣言》中，以另一思路提出了"世界文学"这一概念。

1832年3月22日，歌德永远地离开了人世，离开了让他又爱又恨的时代，离开了那些让他感到美好的女子，那些难以割舍的感情。他抛下了他的拳拳抱负，抛下了他的赤诚之心，却带上了曾经那些美好的回忆，向着心中一直向往的那个地方，他微笑着，安静地、慢慢地走去……

哲学天空里的明星——康德

伊曼努尔·康德（Immanuel Kant，1724—1804），出生于东普鲁士哥尼斯堡（今俄罗斯加里宁格勒），德国哲学家、天文学家、星云说的创立者之一。1740年进入哥尼斯堡大学。从1746年起任家庭教师5年、后来，康德重返哥尼斯堡大学学习，并于1755年毕业，同年取得编外讲师资格，任讲师15年。在此期间康德作为教师和著作家，声望日隆。除讲授物理学和数学外，还讲授逻辑学、形而上学、道德哲学、火器和筑城学、自然地理等。主要代表作有《纯粹理性批判》《实践理性批判》《判断力批判》等。

伊曼努尔·康德

康德是德国古典哲学的创始人，是唯心主义、不可知论者，德国古典美学的奠定者。其学说深深影响近代西方哲学，并开启了德国唯心主义和康德主义等诸多流派。康德是启蒙运动时期最后一位主要哲学家，是德国思想界的代表人物。他调和了勒内·笛卡儿的理性主义与法兰西斯·培根的经验主义，被认为是继苏格拉底、柏拉图和亚里士多德后，西方最具影响力的思想家之一。

在18世纪德国的天空中，康德毫无疑问是其中最为闪亮的明星之一。康德是哲学家，也是人格大师，是思想家，也是教授。他传授了数不清也估量不完的哲学思想，留下了许许多多旷世的哲学名言，也向无数人彰显了他的美好品德。他在启蒙运动中扮演着重要的角色，也为后世的马克思理论提供了重要的思想来源。他被誉为"人类哲学界的哥白尼"。

1. 哲学明星的成长经历

伊曼努尔·康德于1724年4月22日生于东普鲁士首府哥尼斯堡的一位马鞍匠家。他的父母都是信仰新教的教徒，康德自小就深受父母的影响，对美德有着虔诚的信仰。从那时起，康德就对宗教有了一定的认知，也是自那时起康德便对道德品德产生了崇高的责任感。6岁那年，康德进入小学接受系统并且规范的教育。可是那时学校提倡的人文主义教育与宗教相悖，人文主义教育反对宗教思想上的僵化与对人们思想上的禁锢与控制。此后，乃至在康德的一生中，他都对宗教有着抵触情绪。

8岁那年，康德进入当地的弗里德里学校。这是一所敬虔派学校。康德在入学前从父母身上感受到的是敬虔派的温暖善良、怜爱关怀，而当他进入学校后接受的敬虔派教育则是严肃且强制性的。在这所学校里，康德接受的教育不仅没有促进他的善良意志，反而对他的意志品质起到了一定的抑制作用。敬虔派的学校要求反省和监督，并且强调自制，这与康德从小接受的教育不同，从而加深了他对敬虔派教育的恐惧与反感。所以后来康德在回忆他的中学经历时，常常用这三个词来形容他受到的教育：虚伪、奴性和傲慢。在他的回忆中曾经提到过，中学时代的遭遇，自己像是被当作奴隶一样看待。众所周知，弗里德里学校以严肃著称，要求学生严格服从纪律，听从学校的指令。而在此时的德国社会，启蒙思想却处于如火如荼的燎原之势，康德自然而然地会对这样的教育产生强烈的抵触情绪。虽然康德在上学期间一直是一个听从父母教诲、听从老师教导的乖孩子，但这种教育却让康德从心理上认定了它的虚伪性。所幸，康德在虚伪与诚实之间，依旧坚定不移地选择了诚实。

1740年，康德进入了哥尼斯堡大学。他的目光不再只是局限在中学时代的小小领域里，他被无穷无尽的知识吸引，陶醉在知识的海洋里。当他如饥似渴地汲取知识的时候，埋藏在中学时代的消极情绪也渐渐地松开了对他的捆绑与折磨。

大学里的康德是自由的，是不被束缚的。在这期间，康德学习了大量的知识，储存了丰富的理论，为他以后在哲学道路上的发展奠定了坚实的基础。在学校里，他广泛涉猎，无论是神学、哲学、文学抑或是科学，他都孜孜以求，不断地吸收和领悟不同学科的知识。他甚至还融会贯通，在各个领域都有不小的成就。而他最为关注的自然还是哲学方面的问题。他在大学里刻苦研究，勤奋好学，在校期间便已崭露头角。

在康德的成长经历中，他的家庭无疑对他产生了不小的影响。他在年幼的时候，便失去了母亲，这使他形成了细腻且敏感的性格。当他不到22岁的时候，他的父亲就因为中风而饱受病痛折磨，最后不幸离世，这对他来说又是一次不小的打击。他觉得父亲在尘世中并没有享受多少欢乐，所以希望父亲去了天国之后可以享受永恒的快乐。

在父亲去世后，家庭的重担全落在了年纪轻轻的康德身上。他不仅要照顾年幼的弟弟和妹妹，还要兼顾自己的学业。这对康德来说是个不小的挑战，但是他并没有就此意志消沉，就算生活的磨难接踵而至，他依旧没有放弃自己的学业。他会抽出空闲来研究自己的课业，也会在闲暇之余解决一个又一个自然科学问题。

1746年的夏天，康德向哲学系主任提交了他人生中第一部哲学创作。在这部作品中，他阐释了他研究的"关于生命力的真实估计之思考"的课题。这部著作无疑是他哲学创作的开端，是他形成自己独特的理论风格的开始。

2.他的理论被无数次引用

1746年，大学毕业后的康德回到哥尼斯堡附近的小镇上去当家庭教师。他曾经谦虚地说，再没有哪个家庭教师教得比他还差。在当家庭教师的这段时间，他发表了著作《关于生命力的真实估计之思考》。5年后，康德再一次进入大学攻读硕士学位。毋庸置疑的是，康德到了哥尼斯堡十分享受附近的大学氛围。无论是浓厚的学习气氛还是自由的不受监管的生活，都让康德十分留恋。1755年，康德获得了私人助教的身份，这让他得以在学习之余获得经济来源，以此支撑他的日常开销，而他一当助教便当了15年。这段时间也是他哲学著作的高产阶段，他先后发表了囊括各个领域的著作，他的影响力也因此逐渐扩大，逐渐为人所知。他的学生也越来越多，其中不乏声名显著的人物，例如赫尔德。

接二连三地，康德发表了一系列他关于形而上学的论述，吸引了无数的年轻人并为之赞叹，就连当时一些资深的教授都爱看他发表的文章。康德依旧不放过任何一个学习的机会，广泛研究各个领域从未有人涉足或是鲜有人涉足的地带。

《自然通史和天体理论》这一著作的发表，顿时在学科领域引起不小的波澜。可以说，这是一个宇宙史上的历史性著作。1753年，康德将他的著作《自然通史和天体理论》献给了当时和他同是天文爱好者的国王腓特烈二世。他深刻的理论分析以及长远的目光为他赢得了一片赞誉和长久的尊重。在此之后，当康德再一次申请教授的职位时，却没有之前那般顺利了。虽然此时的康德已著作等身，也足够被人尊敬了，但是迫于经费等原因，最终他的申请被驳回。

康德对后世的影响之巨大无法衡量，他的哲学理论也被后世无数次地引用。1762年，康德发表了《三段论法四格的诡辩》，引起一阵轰动。到了1764年，他出版了作品《证明上帝存在的唯一可能的依据》。之后他又接连发表了《将负值概念引入哲学的尝试》《对于美好和崇高的感情的观察》《论脑病》《对自然神论和道德原则的明晰性的研究》《视灵者的幻想》《论空间方位区分的基本依据》等论文。在此期间,康德被任命为皇家图书馆的副馆长,之后又依次发表了不少震惊世界的著作。而这段时期康德所著的书都被统归为批判时期的著作。

3. 人类思想发展史上的丰碑

《纯粹理性批判》于1781年问世,之后因为受到误解等困扰,康德又在6年后重新修订此书,着重强调了"对唯心论的驳斥"。康德在1783年发表了《未来形而上学导论》。这些著作震惊世界,被誉为人类思想发展史上的丰碑。可是康德的创作过程却并不顺利,可以说是十分艰难。在创作的过程中,他曾经无数次跟他的友人讨论每一个细节、每一处的用语,力求做到完美和精辟。在1771年的时候,康德就曾写信告知友人他正在创作《纯粹理性批判》。等到1772年的时候,他告诉赫茨他将在3个月后完成本书的第一部分。在友人的殷切期盼下,康德并没有如愿完成自己的创作,而是无限期地延长出版的时间。这部呕心沥血的哲学思想著作,占据了康德大部分时间。所以康德曾非常忧郁地和友人赫茨说道:"对于我来说,最好的选择还是出版我已经完成的某部著作。"所以两年后,赫茨在集市上寻找康德的《纯粹理性批判》时，自然是无功而返。

时间飞逝，恰如白驹过隙，又过去了3年。可康德再一次在给友人的信中提到了他的《纯粹理性批判》一稿的创作进度："我的这部作品估计等到复活节的时候也创作不完，只能再耗费我的夏季时光了。"这部作品耗费了康德大量的时间和精力。他每日笔耕不辍地搞创作，为的就是有一天他的这部作品可以问世，可以公之于众。可是作品还是不能令他满意，他一次又一次地修改，甚至删除大量篇幅又重新增添新的内容。这样呕心沥血地创作，自然对他的身体产生了不容忽视的危害。他说："如果到夏天的时候我的身体还可以的话，我便把这部作品发表出去。"

距离他开始创作已经过去了好多个年头。季节不断更迭，雁去雁来，迎来送往，这部令世人惊叹的旷世绝作还是没有问世。人们一边惊叹于康德深刻的思想、长远的目光和他精妙绝伦的文笔，一边又在期盼他更多的著作。可是，让人失望的是，康德却在此后逐渐消失于文坛。在他消失的这段时间，有不少文坛的后起之秀，他们发表了不少的文章。这时文学界爆发了"狂飙突进"运动，人人要求个性解放，要求抒发性情，文坛乱作一团。北美地区也是乱成一锅粥，因为那时英国在北美的殖民统治引发了北美各地的强烈不满。他们不甘心被压迫、受剥削，遂向英国殖民统治者发动进攻。不久之后，美国宣布了独立。而此时的康德却很少发出他智者般的声音，他那锐利的眼神不知移向了何处，出版社出版的书籍中也鲜有标注作者名为康德的书。

这段时间，由于社会上的各种不平静，人们纷纷转向精神世界去寻求和平与慰藉。这时有不少的学者同时也是康德忠实的读者站出来发声了，他们写信给康德，想询问他为何长时间沉默，为什么擅长文字的他不再向读者展现他智慧的思想了。他们很困惑，他们也很期待康德的再一次惊天动地，再一次创作出历史性的丰碑之作。

有一次，康德的学生无意中透露，康德一部惊天动地的创作将问世，如若问世，必定赢得满堂喝彩。可是令人焦虑且忧心的是，康德并没有如他的学生所言很快地发表他的新作，而是再一次让人们焦灼地等待。人们不禁疑惑，究竟是怎样的大创作才能让如此厉害的哲学家焦头烂额呢。人们得不到答案，也只能等待这部著作问世后才能知晓缘由。但其中也有不少人对这本书持有怀疑态度，因为康德毕竟是哲学世界里资历较浅的学者，究竟他的作品价值几何，在书出版之前还没有定论。可是，康德的书依旧没有完工的迹象。他自己也很焦虑。在此书的创作期间，康德搬过家,与邻居理论过,可是即使草稿越积越多,理论越来越明晰,出版还是遥遥无期。

终于,在万众期待下,康德发表了他的创作。《纯粹理性批判》一经出版,整个哲学界为之震惊。这是一部耗费康德10余年的作品,也是浓缩康德最精髓、最深刻思想的著作。人们往往从这部著作入手,去读懂康德真实的内心世界。康德果然也不负众望,给他的读者和期待此书的人们一个圆满的交代。而那些一开始不看好康德的学者也不得不重新审视起这位名副其实的哲学家了。虽然康德的这部著作有些晦涩难懂,但这恰恰也说明了康德思想之深、目光之远。康德把全书大致分为五个部分:先验感性论、先验逻辑论、先验分析论、先验辩证论和先验方法论。康德对这五个部分分别作了阐释,强调感性、知性与理性之间密不可分的关系。康德给人们作了一个完整而又详尽的理论阐述。他告诉人们认识是没有界限的,他认为直觉是感性的,他将直觉认作再生的想象力的基础。事实上,康德的这种说法早就被人们否定了,显然这种说法是不符合常理的。

1787年《纯粹理性批判》再版。两年后,康德遇到了他人生中重要的知己,即当时非常有名望的思想家门德尔松。他写信给康德说:"您的《纯粹理性批判》就是我身体状况的风向标,每当我身体有所好转的时候,我总是抽空拿起您的著作细细品读和研究。我相信,用我的余生一定可以完全理解您的这部著作。"显然,康德的这部著作非常的成功,并且得到了多数人的赞同与认可。当时似乎读康德成为一种社会潮流。如果有人不知道康德,那他一定不是普鲁士人。

关于康德有这样一个故事。传说康德的作息十分规律,并且从不变动。他每天从一睁眼就严格地按照自己的作息时间表来运作,什么时候看报纸,什么时候用餐,包括用餐后多久开始出门散步,这些竟然都分毫不差。当时人们在散步的时候如果遇到这位赫赫有名的大学者时,一般都会一边恭敬地向他打招呼,一边悄悄地调自己的手表刻度。附近的居民都会按照康德的出行时间来判断时刻。这样刻板的作息时间表一般人都接受不了,可是康德却严格执行并且一直坚持,一丝不苟,光是这点就很值得人们敬佩与学习。可是就是这样一位严肃且认真的学者却在法国大革命爆发后,一改往日晚上读报的习惯,竟是什么时候报纸送来,他便在什么时候打开阅读。这段时间,康德似乎十分关注时事政治。不出所料,不久之后,康德发表了一篇著名的作品——《永久和平论》。在这篇作品中,康德表达了他对战争与革命流血的强烈不满,也表达了对身受苦难人们的同情。在见证了无数苦难后,康德更加坚定不移地反对专制。为了消除专制,他坚决而又肯定地拥护三权分立。他相信以这种方式，权力一定会被大大削减，独断专横的现象一定会有所减少。而事实确实如此，三大权力机关之间不仅可以分权，还可以相互制衡，相互牵制，实行分权以后也可以大大地降低决策的失误率。永久和平是康德的最终期盼，也是他最想达成的心愿。而这不仅仅是一位智者、一位睿智的哲学家的愿望，这也是我们每一个人的愿望。当今世界的两大主题是和平与发展，那个战乱频繁、四分五裂的年代已经离我们远去，那些流血牺牲的岁月，那些战火纷飞的时刻都已渐渐被掩埋。也正因为如此，我们才要更加珍惜现在这来之不易的安宁，才要守住心灵上的每一寸净土。

4. 大思想家的迟暮之年

垂暮之年的康德依旧保持着他那分秒不差的作风，依旧每日一丝不苟地生活。可是，就算这样规律的作息也阻止不住年老的脚步。1796年以后，康德的授课次数逐渐减少，直到最后因为身体状况完全不能再继续教授课业。退休后的康德每日5点钟起床，会吸会儿烟，喝点儿茶，在这之后就开始了他的工作。1797年，一位著名的医学专家来到康德家。他诊断出康德的心智已经衰弱到无法再创造出更多哲学辩论的新见解。

康德后来又发表了一些文章，虽说不像以前那般高产，但也足以推翻医学专家的论断。在生命的最后几年里，他又接连发表了一些文章，大多是整理以前旧稿所得。到最后，他的健康状况简直让人忧心。可是他却认为自己既没有比以前多睡两个小时，也没有少睡两个小时，就称不上是不健康。在1799年的时候，康德同瓦斯安斯基说过，他已经老了并且很衰弱，这个哲学家到最后自己也不得不承认自己的垂暮，他说："你要把我当作一个小孩看待。"

在他生命的最后5年中，他的身体状况越发下降，最让康德接受不了的是心智的衰弱。他先是开始失忆，之后身体衰弱的情况越发严重，经常会从椅子上滑落下来。而康德一生都没有过婚姻，也没有孩子，所以一直都是朋友和仆人照看他。

1804年2月12日上午11时，康德在家乡哥尼斯堡去世。康德去世时形容枯槁，瘦得只剩下一把骨头，遗体放在那里就像一个木乃伊。而且他的遗体也确实像一个木乃伊那样被展览：哥尼斯堡的居民排着长队瞻仰这个城市的最伟大的儿子。这位大思想家、哲学家永远地闭上了眼睛，带着他未创作完的灵感和思想，永远地离开了人世。从此，哲学界失去了一位大哲学家，失去了一位可以净化人心灵的净化师。这是哲学界的悲哀，也是人类的悲哀。这位大思想家向世人展现了他睿智的头脑和精练的思想后,似乎是完成了自己的使命,向着天国前进了。那里有他的父亲母亲,有他的弟弟,还有很多可以同他论道的朋友。他怀着希望向着天国慢慢踱去。

康德走了,但他的精神永在。让我们记住他说过的话:"越是处心积虑地想得到生活上的舒适和幸福,那么这个人就越是得不到真正的满足。"(康德:《道德形而上学原理》)

曲高和寡的心灵净化师——巴赫

约翰·塞巴斯蒂安·巴赫（Johann Sebastian Bach，1685—1750），出生于德国中部图林根州小城艾森纳赫的一个音乐世家。德国著名的作曲家，杰出的管风琴、小提琴、大键琴演奏家。他9岁丧母，10岁丧父，15岁只身离家，走上了独立生活的道路。他靠美妙的歌喉与出色的古钢琴、小提琴、管风琴的演奏技艺，被吕内堡圣·米歇尔教堂附设的唱诗班录取，同时进入神学校学习。1702年他从圣·米歇尔毕业，翌年在一家室内乐队当一名小提琴手。1723年，巴赫38岁时，开始在莱比锡的圣·托马斯教堂担任歌咏班领唱，他在此后的27年中

约翰·塞巴斯蒂安·巴赫

一直担任此角。巴赫一生创作了无数经典的曲目，主要代表作有《勃兰登堡协奏曲》《马太受难曲》《b小调弥撒曲》《D大调奏鸣曲》等。

巴赫被普遍认为是音乐史上最重要的作曲家之一，并被尊称为"西方近代音乐之父"，也是西方文化史上最重要的人物之一。巴赫把西欧不同民族的音乐风格融为一体。他汲取意大利、法国和德国传统音乐中的精华，曲尽其妙，珠联璧合，天衣无缝，简直就是一个灵魂型的创作高手。音乐在他的手中就像涓涓的溪流涌向了无边浩瀚的大海，清澈而深远。这位大师带给我们的不仅是听觉上的盛宴，更是心灵上的抚慰和净化。当贝多芬第一次听到巴赫的音乐时，他说："这哪是小溪（Bach）啊，这明明是大海呀！"

1. 初尝人生苦痛

1685年3月21日，约翰·塞巴斯蒂安·巴赫降临到这个世界。他的家乡是坐落在德国中部的一个美丽的城市——艾森纳赫。这是一个山清水秀的地方。在这里有群山环绕，有碧波清澈，有莺歌燕舞，就像是一个天然的氧吧。而巴赫就出生在这样一个城市中，更显出这座城市的美丽和特色。

巴赫的整个家族都与音乐息息相关。巴赫的祖父曾经是风靡一时的音乐大家,无论他写的哪一首曲子,都会被人争相追捧。自然而然地,他将衣钵传给了他的儿子,也就是巴赫的父亲,果然巴赫父亲也成为一个出色的音乐家。他们家的音乐代代相传,直到巴赫这一代,将音乐做到了史无前例的高度。巴赫在音乐上的成就超过了父亲和祖父,也超过了他的哥哥——一个也很有名气的管风琴手。自小在音乐熏陶中长大的巴赫,很小的时候就表现出了对音乐的热爱以及在音乐方面的天赋。发现他天赋的父亲很是欣喜,因为在他看来,小巴赫便是他音乐上的继承人。在父亲的悉心教导和哥哥的从旁帮助下,小巴赫进步飞快,不到8岁的时候就能熟练地弹奏钢琴等乐器。小巴赫无忧无虑地成长,可是,幸福却突然戛然而止。

在巴赫9岁的时候,他的母亲患上了一种在当时算得上是不治之症的疾病,每天要不间断地承受病痛的折磨,十分煎熬。小巴赫都看在了眼里,他甚至还曾经偷偷地向上帝祈求过,能不能把母亲的痛苦分一些给他。可是无论小巴赫怎样在上帝面前诚心地祷告,他还是没有留住母亲匆匆离去的脚步。在开始的几天,他的泪水就像是泄洪一般,止都止不住,直到流干了,流尽了,小巴赫还是呆呆地坐在墙角。巴赫的父亲也异常地伤心。他整天以泪洗面,以酒度日,在对妻子沉痛的、深切的怀念中度过一日又一日。1年后,巴赫的父亲因为过度悲伤而酗酒，也随着巴赫的母亲去了。这或许是巴赫父亲想要的结局吧，他想要去寻找自己心爱的妻子……

　　刚经历过失去母亲的悲痛，心头的疤痕还没有痊愈，可怜的小巴赫又要经历相同的伤痛，父亲也走了。这一次，小巴赫停止了哭泣，他在悲痛的同时告诫自己，要振作起来，不要倒下，不要倒下……他不止一遍地跟自己说，他还要让巴赫家族声名远播，他还要让巴赫家族这个音乐家族发扬光大。年仅10岁的他，比同龄人要成熟稳重得多。在父母亲相继离世之后，巴赫就搬到了已经成年的哥哥家中。在哥哥的家中，他得到了悉心照料。他渐渐地忘记悲伤，过了一些时日，等到心中的悲痛化为动力的时候，他渐渐地又对音乐痴迷起来。这个10岁多的孩子，在别人无忧无虑玩耍的时候，他便待在房间内勤奋地练习。因为在他的心目中，家族的荣誉要比愉快地玩耍重要得多。此后，他每天越发加紧督促自己勤奋练习。

　　在哥哥的照料下，巴赫快乐地成长了。虽然哥哥替代不了双亲，但是在哥哥的教育下，小巴赫还是养成了善良诚实的品性。有一次偶然的机会，巴赫得知，他的哥哥有一份非常珍贵的乐谱，他便吵嚷着要拿来看。可是哥哥竟然严词拒绝了，这让巴赫非常地不解，同时也勾起了他对这部乐谱极大的兴趣，他的心思一下子全部放在了这份他素未谋面的乐谱上面。过了几日，巴赫想到了一个好办法。一天晚上巴赫趁着哥哥熟睡，便偷偷溜进哥哥的房间，从他的柜子里翻到他珍藏的乐谱，巴赫心里顿时激动万分，一不小心撞到了桌腿，疼得他倒吸一口凉气，好在哥哥并没有在这样大的动静中醒来，反而是翻了个身继续熟睡着。这让惊出一身冷汗的巴赫松了口气，他又拿着乐谱悄悄地回到了自己的房间，小心地点起蜡烛，一个音符一个音符仔细地抄下来，不漏过任何一个微小的细节。就这样，巴赫晚上抄写乐谱，白天再将乐谱送回原处，一连好几日，哥哥都没有发现这个秘密。巴赫抄写的速度越来越快，眼看仅剩一点就抄完了。但是巴赫抬头一望，天已蒙蒙亮了，他不得不把乐谱送回去，以免被哥哥发现。到了即将全部抄完的最后一个晚上，巴赫激动地手都抖了起来，可是他没有发现一个身影正渐渐向他走来。"巴赫你在搞什么，为什么我的乐谱在你的手里？"哥哥愤怒地问道。小巴赫一时之间竟呆住了，他刚刚还沉浸在欢乐的喜悦中，一会儿工夫，就像是从山顶滚落到了山底。小巴赫只得和哥哥实话实说。他告诉哥哥，他真的很喜欢这部乐谱，可是碍于哥哥每次都进行阻拦，所以他只好想了这样一个上不了台面的方法。哥哥听完怒气有所减少，但还是无情地从巴赫的手中连同抄写版的稿子一同收去。这让小巴赫十分伤心。他好不容易快抄完的乐谱却被哥哥拿走,满心欢喜最后什么也没有,可见小巴赫有多么失落。至今,也没人知道,为什么巴赫的哥哥不允许巴赫看他的乐谱。

2. 艰难的音乐之路

看来,光在这个小城市里待着,靠着哥哥的教授,巴赫已经很难再有什么大变化了。巴赫觉得他需要到外面的世界去看一看了,他要看看外面音乐氛围浓厚的地方都是怎样演奏的,他要到大城市里去领略一下大城市特有的风采。当他把这个想法告诉哥哥的时候,出人意料的是,哥哥竟然没有反对巴赫。在哥哥的鼓励下,巴赫独自一人踏上了前往音乐殿堂的道路。15岁时,巴赫只身离家,走上了独立生活的道路。

哥哥对巴赫说,他可以写信给包姆,让包姆教授他一些音乐上的技巧。巴赫欣然接受了哥哥的建议。

因为需要生活费,巴赫一边向包姆求教,一边希望有机会半工半读。几天之后,巴赫来到了一个教堂进行面试,这次的面试官正是包姆先生。一开始的时候,巴赫稍显有些紧张,但在包姆的安慰和鼓励下,他缓缓拿出乐器,演奏着动人而又婉转的乐曲。包姆听后,异常高兴,当时就告诉巴赫,他可以留下来了。他靠美妙的歌喉与出色的古钢琴、小提琴、管风琴的演奏技艺，被吕内堡的圣·米歇尔教堂附设的唱诗班录取，同时进入神学校学习。这让巴赫非常开心。在他看来，能够待在包姆的身边，就是他能想到最好的结果了。巴赫熟练地掌握管风琴和小提琴，钢琴对他来说也不在话下。巴赫学习所在的神学校里有一个很大的图书馆，图书馆里藏着各类书籍，数不胜数，简直就是一个巨大的知识的海洋。最重要的是这里的图书馆藏有丰富的古典音乐作品，巴赫一有空闲的时候就会到图书馆借阅图书，像是一个饥饿的婴儿急切地赶往妈妈的怀抱。此时的巴赫，像块巨大的海绵，全力汲取、融合着欧洲各种流派的艺术成就，开阔自己的音乐视野。

在这期间，他阅读了很多音乐方面的专著和一些珍贵的手稿。他发现这里的每一本乐谱都不比哥哥珍藏的那本要差，甚至图书馆里的某些乐谱要比那个好得多。从前他为了一部乐谱而伤心难过，现在的他却徜徉在更多更好的乐谱当中。他享受着音乐带给他的感觉，音乐与现实的碰撞，奏出了一首首优美动听的旋律，奏出了一首首直达肺腑的美妙乐章。

1702年，巴赫从圣·米歇尔毕业。由于长时间不懈怠地努力，巴赫终于在音乐界有了一些小知名度。虽说此时的他还是一个没有什么代表作、没发表过什么脍炙人口的佳作的年轻人，但是他却因为他动人的歌喉和熟练的弹奏技艺而闻名。无论给巴赫什么样难读的乐谱，他都能完美无缺地弹奏出来，这个使人羡慕的能力使他在音乐界很快便占了一席之地。

3. 不知足的宫廷乐师

1703年，巴赫来到了魏玛公国。记得大诗人歌德就在魏玛公国待过10余年的时间。巴赫在这里谋得了一份职业——约翰恩斯特大宫廷乐团中的一个小提琴手。受到大师和家人的影响，巴赫一度很向往这里。在他的心目中，这里就是音乐的殿堂，是他实现音乐梦想的最佳之地。在这块土地上，一切都吸引着他，都引领着他走向更高的层次，走向更高的水平。

但是，随着时间一点一滴地过去，巴赫渐渐失去了最初对魏玛公国的新鲜感，反而有些抵触宫廷乐师的身份。宫廷乐师，光从表面上看来是很高档的职业，可是实际上，宫廷乐师这个职业在当时是被有些人瞧不起的。如果宫廷乐师走在路上，就会有一些挑事的不良青年肆无忌惮地嘲笑他们。宫廷乐师还不如那些干体力活的人身份高，薪酬也是少得可怜，仅能维持温饱。如果有家庭的人，根本不能维持一大家子的开销。

在魏玛公国的时候，巴赫在一次和同为乐师的同僚闲谈时,听说阿恩施培特新教堂的一架管风琴基本上算是世界上质量最好的管风琴了。巴赫听完十分惊喜,他认为那就是为他专门打造的。他连夜赶往阿恩施培特新教堂,希望在那里可以竭尽自己的才华。最终,巴赫担任了这个新教堂的管风琴手。在这期间,他开始进行音乐创作。这段时间里他所做的作品大多是管风琴乐曲,这是他音乐人生的新起点,是他创作的开端。巴赫仿佛一夕之间找到了自己的定位,他开始笔耕不辍地进行音乐创作。这时,他的名气也因为其创作乐曲的广为流传而扬名各地。

在这段时间,虽然生活很忙碌,但是在巴赫的眼里也是极为充实的、意义非凡的。可是,大师的一生总是十分坎坷的。因为不满足于现在的水平,所以巴赫为了练琴,常常彻夜不眠,通宵达旦。每逢假日,他都要步行数十里去汉堡聆听名家的演奏,还时常去各地看音乐大师的演奏。他想近距离聆听大师的杰作,想要看到大师们演奏的技巧,还想要看到大师演奏时那如痴如醉的表情。他觉得现在自己的水平相较那些知名的音乐家来说还是差了很多,所以他不断地寻求方法去缩小与他们之间的差距,去弥补他技巧上的空缺。他一直想找一个契机,找到一个可以让灵感迸发的契机,他的这些创作虽说已经是精品了,但他还是不满足。他觉得真正的杰作是自然的灵感迸发,是真实流露出的个人情感，是情到深处时的宣泄，是夺眶而出的一汪音符。在他的世界里，只有最纯净、最自然、最简洁的不加矫饰的音乐才算得上是真正的精品，才算得上是真正的大师之作。

此时的他，便坐在歌剧院里，享受着大师帕海贝尔的音乐盛宴。在这首曲调中，他仿佛听到了春天的脚步声在悄悄临近。在他的眼前，出现了一幅春日气息浓厚的画面。处处是鸟语花香，处处是莺歌燕舞，大有一种"几处早莺争暖树，谁家新燕啄春泥"之感。巴赫仿佛已经置身于其中了。他漫步于春日的林间，听着鸟儿叽叽喳喳地在耳边吟唱，感受着春日暖阳和微风徐徐，阳光洒在脸上无比温暖，微风轻抚脸庞无比舒爽，仿佛顷刻间就有清新的空气涌入鼻尖，混着泥土的芬芳，沁人心脾。巴赫在这种感觉中久久不愿意走出来，他享受这样的乐章。他希望有一天他也可以演奏出这样的动人杰作，他也可以被后世的年轻人膜拜。他的这个希望的种子就一直在心中播种、发芽、成长。

在回到教堂后，巴赫受到了一些不怀好意的人的诬陷和中伤，有的人说巴赫根本不在意在教堂的工作。可是巴赫请假在先，即使有什么风言风语，也丝毫影响不到巴赫。巴赫在回来的这段时间继续潜心研究他的音乐。之后，巴赫有机会又前往了布克斯特·胡德的演奏现场。在这里,他仔细聆听了大师的倾情演出。大师向他倾诉着。一开始是急转而下的音乐,在这段时间,大师可能经历着人生的低谷,那时的他,可能是失意的、无奈的、彷徨的,不知道出路在哪里,大师将这一段演绎得淋漓尽致。接着就是一段缓和而有力的奏乐,可能这一段时期,大师在蓄力,他在为自己的又一次强势回归蓄势,他在寻找好的灵感和才思,他在努力着让自己更上一层楼。接下来,是一段欢快的、活泼的演奏,大师在享受中继续他的演奏。巴赫再一次沉迷其中。大师的演奏还在继续,他仔细地感受着。他的一生跌宕起伏,周而复始,或许,前一秒还是欢快的基调,下一秒就变成了哀怨的诉说,诉说着心中的哀痛和惆怅。满座戏院里的聆听者仿佛都被这种悲伤的基调渲染,脸上流露出各种各样的哀伤,整个剧院里是一片寂静与伤感。当曲调又变得欢快起来,剧院里的听众脸色也渐渐地由悲戚转向了开怀,甚至有人兴奋地摩拳擦掌,想要上去一同演奏。巴赫从未聆听过如此深入内心的音乐,这种力道,这种强度,都让巴赫倍感震惊。

　　巴赫这次有时间,又去拜访帕海贝尔,想要从他那里学到更多。在和帕海贝尔的亲切交谈中,在聆听一场又一场的演奏会中,巴赫忘记了时间,忘记了工作,他一待就是3个月,这可远远超出了他的请假期限。巴赫开始有些慌了，因为上一次即使不是他的错误，他都已经被别人抓住了小辫子，但这一次却坐实了他们安给他的"罪名"。就这样，巴赫收获满满又忐忑不安地回到了教堂，这个他工作的地方。这一次，显然，那些人是不会放过他的，他们极力反对让巴赫继续留在教堂工作。他们认为，这是对教堂的玷污。除了他在职位上玩忽职守，还因为巴赫从外面带回了一个女人，第一个让他动心的人。这个女人就是他的堂妹，一个非常美丽又善良的女子。巴赫深爱着这个女人，并在此后的一生，只深爱着她。不久，他们结婚了，成为真正的夫妻。再也没有人对他们指指点点，再也没有人对他们闲言碎语，他们开始过着幸福而快乐的生活。

1708年，因为忍受不了同僚的诬陷和欺压，巴赫毅然决然地请辞离开教堂，带着新婚妻子又回到了魏玛公国。这一次，他应国王的邀请重回魏玛，任魏玛公爵威廉·恩斯特的宫廷管弦乐师。再一次回到这里的时候，巴赫惊奇地发现，魏玛的一切都没有变，而他的薪酬相较之前提高了不少，这一点倒是很令他满意。这段时间，是他创作的巅峰时期。在魏玛安逸的生活，巴赫不愁温饱，工作稳定，夫妻和睦，此时的巴赫感到尤其幸福。在这样的环境下，巴赫开始了他的耐心创作。他把过往的种种都写进了乐章，把所有的经历都融进了他的作品中，他的所有感触，他的所有幻想，都在他的作品中体现得淋漓尽致。

1714年，巴赫成为乐长。在魏玛创作了大部分管风琴作品，也首次发现了维瓦尔第的音乐，开始了协奏曲的创作。1717年他接受柯登的安哈尔特利奥波德亲王的乐正职位，但其辞宫廷乐师职时被威廉·恩斯特阻挠，在免除其义务之前甚至还将其关押在狱中。

巴赫的名声越来越大，也吸引了不少慕名前来的年轻人。这个时候，或许他儿时的愿望、他青年时期的愿望都一一实现了。

1717年，功成名就的巴赫带着妻子来到了克滕，开创其一生中的黄金时代。在这里，他创作了被誉为"键盘乐的旧约圣经"的《平均律钢琴曲集》第一卷和在管弦乐发展史上堪称里程碑的《勃兰登堡协奏曲》等大量出色的世俗和宗教音乐。他举办了许多演奏会，让很多的聆听者如痴如醉，让很多的青年人浮想联翩，让同行感触良多，对他投来赞许的目光。同时巴赫还在克滕宫廷任职，担任了克滕的宫廷乐队队长。克滕宫的镜厅非常华丽，这里还供有巴赫像。此时的他，似乎很满足于现状，他自己的家庭幸福和睦，儿女绕膝，他对此很是欢喜，他甚至想就这样过完自己的一生，他觉得，这样的生活很幸福美好。他还为德国——自己的故土、自己的家乡，写了不少鼓舞人心的乐章。

4. 小溪归入大海

1723年,克滕亲王对音乐的兴趣似乎淡漠了,于是巴赫辞去了克滕宫廷中的职务,来到莱比锡出任圣·托马斯教堂学校的乐监(音乐指导),在那里他度过了一生中余下的27年时间。

莱比锡时期是巴赫一生中最长的一个时期,也是创作最多的时期。此时的巴赫无论演奏技巧还是作曲水平都已到了炉火纯青的地步。

巴赫在各种关系的交错下感到非常无力,他觉得自己无法扭转这样的社会情况,或许每个艺术家都是心系国家,心系世界的。巴赫宣布他要一心只搞音乐创作,不问政事,他早已无力周旋于各种复杂的利益关系中,他要远离这些是与非。生活相当地清闲,这恰恰就是他想要的。巴赫这时创作出的一些曲子如《马太受难曲》,都显得如此震撼人心,感人肺腑,让巴赫更加坚定了他一心只想音乐的决心。巴赫完成了人生的完美蜕变。此时的他继续他的创作,完成了不少震惊乐坛的大作。他在莱比锡谱写的杰作,有感人至深的《b小调弥撒曲》和《马太受难曲》,有《平均律钢琴曲集》第二卷和体现他高深作曲造诣的《赋格的艺术》等。1747年,这位无冕音乐之王去波茨坦旅行时被另一位国王——普鲁士国王腓特烈召见,并进行了即兴演奏。在座的观众无不为之折服。第二年,巴赫把这次演奏的主题加以发展,写成了另一部总结他作曲和演奏艺术的作品——《音乐的奉献》。

晚年巴赫也许是心情变得淡然和安详,使他在音乐事业上不断地创造着辉煌。可令他没有想到的是,还是发生了一件让他痛心疾首的事。由于他长期用眼过度,1749年开始巴赫视力减退,双目渐渐失明,曾做过两次手术,但都没有效果,最终因患白内障而失明了。后又因中风卧床,于1750年7月28日在莱比锡与世长辞。这位举世闻名的音乐之神像蜡烛一般燃尽自己后悄然离去,他的遗体被人们埋在汉堡圣约翰教堂的墓地里,那是座既没有墓碑也没有任何标志的与贫民一样的坟墓。

"巴赫"在德文中是"小溪"的意思。正如贝多芬第一次听到巴赫的音乐时所说:"这哪是小溪(Bach)啊,这明明是大海呀!"巴赫的成就和对音乐的影响,像大海一般地巨大和深远,他不是"小溪",而是"大海"!这是贝多芬对巴赫音乐才华及音乐成就的由衷赞叹和如实评价。巴赫不仅是德国人民的宠儿,天才的人民音乐家,被誉为"西方近代音乐之父";更重要的是,他为全人类音乐的进步和发展奠定了基础,成为世界古典音乐的丰碑。

后　记

"一带一路"相关国家众多，代表性人物众多，为中外交好、民心相通做出杰出贡献的人士众多。因此，为"一带一路"璀璨群星立传，既使命光荣，又责任重大。在这项浩大工程的策划、组织、执行过程中，有许许多多的志士参加了有关传主的名单征集和审定，以及写作、翻译、审读、编辑、出版、筹资、联络等繁重而琐细的工作。所有参与的人员，以拳拳报国之心，尽深厚学养之力，克服了时间紧、任务重、要求高、压力大等诸多困难与挑战，最终圆满完成了任务。在本书付梓之际，丛书编委会特向参与本项目的全体同志致以崇高敬意和衷心感谢！

  同时特别需要鸣谢的是，提出策划并领导实施此项目的中国传记文学学会会长王丽博士。王博士长期从事法律实务工作，经验丰富，并由于她担任"一带一路服务机制"主席职务的原因，她对相关国家、对走出去的"一带一路"建设者和广大青少年的需求了解真切，提出应当为他们写一套介绍各国典型人物的简明易读的传记，为他们提供健康的精神食粮。她把这项"额外"的工作当成了事业，联袂商会筹集资金、苦口婆心招揽作者、精心挑选传主名录、夙夜青灯挥笔写作、近乎偏执逐字推敲、亲力亲为呕心沥血。面对如此浩大的出版项目和繁重的出版任务，中国出版集团华文出版社不但毅然承担了出版任务，而且集团和出版社的领导与中国传记文学学会的负责同志一起协商，寻求有关部门的支持和帮助，努力将该传系打造成高质量的精品好书。在此，我们特向项目牵头人和中国出版集团公司、华文出版社的相关领导和编辑致以崇高敬意和衷心感谢！

  尤其让我们感动的是，在项目执行过程中，一些富有家国情怀的民间商会和企业家的慷慨解囊，虽不足以支撑项目的全部费用，但是他们所表现出的热心和支持，让我们坚定了走下去的信心和决心。在此，我们要特别鸣谢为本书的创作出版做出捐赠支持的中国民营经济国际合作商会、亿阳集团股份有限公司、富通集团有限公司以及太平洋证券股份有限公司，并对他们的拳拳报国之心和慷慨无私帮助致以崇高敬意和衷心感谢！

一项伟大的事业，离不开许多默默无闻的奉献者。在本传记系列的组织、编写、出版过程中，有历史、文学、科研、外交、教育、法律、翻译、出版等领域的数百位专业人士参与，恕不能在此处一一详列。需要特别提出的是，鞠思佳、景峰等同志为组织联络、收集资料到处奔波而毫无怨言，唐得阳、唐岫敏、白明亮、谭笑等同志在编写、翻译和编辑、校对过程中的细致与负责让我们感动，赵实、胡占凡、高明光、吴尚之、刘尚军、李岩、王灵桂、李永全、陈晓明、许正明、宋志军等同志睿智的指点和专业的帮助让我们避免了许多弯路。在此，我们特向以上各位同志致以崇高敬意和衷心感谢！

当然，由于我们水平所限，本丛书难免有某些不尽如人意和瑕疵之处，敬请学界专家和各位读者不吝赐教，我们将在作品再版之时吸收完善。在此，我们也向各位读者提前表示崇高敬意和深深感谢！

"一带一路"列国人物传系编委会
2018年3月8日